insel taschenbuch 486
Petrarca
Dichtungen
Briefe
Schriften

PETRARCA
DICHTUNGEN
BRIEFE
SCHRIFTEN

Auswahl und Einleitung von
Hanns W. Eppelsheimer
Insel Verlag

insel taschenbuch 486
Erste Auflage 1980
© Insel Verlag Frankfurt am Main 1980
Vertrieb durch den Suhrkamp Taschenbuch Verlag
Umschlag nach Entwürfen von Willy Fleckhaus
Typografie: Max Bartholl
Satz: Otto Gutfreund, Darmstadt
Druck: Nomos Verlagsgesellschaft, Baden-Baden
Printed in Germany

2 3 4 5 6 7 - 88 87 86 85 84 83

Inhalt

LEBEN UND WERK DES
FRANCESCO PETRARCA

Drei Geister höchsten Ranges: Franz von Assisi, Thomas von Aquin und Dante, hat Italien dem europäischen Mittelalter geschenkt – und doch zeigte es für die mittelalterliche Kultur nur geringe Begeisterung. Es liebte nicht die Ritter, teilte nicht ihre Ideale der Tapferkeit und Minne und nahm ihre Kunst nur widerwillig und unter dem Schmähnamen der Gotik (als »Barbarenkunst«) bei sich auf. Nordisch empfanden die Italiener diese mittelalterliche Welt. Sie selbst fühlten sich als Südländer – als Erben Roms, von dem sie in verworren-ahnender Sehnsucht träumten, voll Stolz auf ihre Abkunft von der Weltherrscherin und voll Verachtung für die Barbaren des Nordens.

In einer Art Halbschlaf befangen, schien das Land auf seine Stunde zu warten. Dann plötzlich brach schöpferische Kraft sich Bahn, voran in der Literatur: sie war noch nicht hundert Jahre alt, als drei ihrer Dichter in drei literarischen Gattungen schon europäische Höhe gewinnen: Dante im Epos mit der Divina Commedia, Petrarca in der Lyrik mit dem Canzoniere und Boccaccio mit dem Decamerone in der Novelle. Alle drei sind Söhne von Florenz, Vorboten seiner glanzvollen Entfaltung. Das Tempo, in dem sie aufeinander folgen, ist erstaunlich; nicht weniger erstaunlich ist der Wandel, der sich in ihren Werken vollzieht. Ihre geistige Kontur bildet sich in klaren Gegensätzen ab: Dante, voll Verachtung für die eigne Zeit und dem Vergangenen in gesammelter Ekstatik hingegeben; Boccaccio, wenigstens in seinen besten Jahren, schon Bürger dieser neuen Welt, die er unübertroffen unterhält und schildert; zwischen beiden aber, und weder im Alten noch im Neuen Heimat findend: Petrarca, in dessen Seele sich, zwischen Begeisterung und Schmerzen, die Erneuerung der geistigen Welt vollzieht.

Er war siebzehn, als die Bürger von Ravenna (im September des Jahres 1321) den großen Einsamen begruben, Dante, den er ablösen sollte und dem er so verblüffend unähnlich war: kein Seher und noch weniger ein Richter wie jener, sondern weich und von geschmeidiger Anmut, der Menschen und ihrer Freundschaft bedürftig. Aber ausersehen, die Sehnsucht seiner Zeitgenossen zu erfüllen: sie in italienischen Versen und lateinischen Perioden, zum ersten Mal wieder nach Jahrhunderten, die Schönheit erleben zu lassen, die sie als die ihre erkannten, und ihnen über die Zeiten hinweg in den Dichtern und Schriftstellern, Geschichtsschreibern und Philosophen ihrer römischen Ahnen die Welt zu zeigen, die wiederzugewinnen ihnen verheißen sei.

Den geschichtlichen Akt, der so eingeleitet wurde, nennen wir Humanismus. Er war der erste Schritt zu jenem glanzvollen Schauspiel einer Kultur, in der Italien seine Ideale verwirklicht sah, in der es sich wiedergeboren fand und die es als Rinascimento, Renaissance, Wiedergeburt nannte. Unter diesem Namen hat Europa lange das Zeitalter gefeiert und wie eine selige Insel alles Schönen und Hohen gepriesen. Heute freilich sind wir weit entfernt von jener Hingabe unserer Väter an die Wunder in Farben und Marmor, Gold und Brokat. Aber der Humanismus, der sie einmal vorbereitete, hat auch heute, so zerredet, mißdeutet und mißbraucht sein Name immer ist, seine Anziehungskraft noch nicht verloren – am wenigsten in der Darstellung und Verkörperung des Mannes, der ihn als erster, mit der Anmut und Unschuld einer jungen Liebe, erleben und verkünden durfte.

1

Francesco Petrarca hat die meiste Zeit seines Lebens über seinen italienischen Versen und lateinischen Schriften und Briefen, mit seinen Büchern und Freunden verbracht. Er wußte Pflichten zu meiden und löste Bindungen, sobald sie ihn zu stören begannen; in bescheidener Wohlhabenheit durfte er sich selber leben – doch war er zu keiner Zeit, was wir einen »Stillen im Lande« nennen. Dazu fehlten ihm allzusehr Ruhe und Ausgeglichenheit. Der Widerstreit sehr entgegengesetzter Neigungen und die schmerzlichen Spannungen, die sich daraus ergaben, erfüllten ihn mit tiefer Unrast. Auch war er ja ein Heimatloser von Anfang an: als Sohn eines Verbannten, eines der vielen Schicksalsgenossen Dantes, die nach einem mißglückten Handstreich gegen das Stadtregiment im Jahre 1302 Florenz verlassen mußten, wurde er in der Verbannung geboren. Am 20. Juli 1304, zu Arezzo im Arnotal.

Aufgewachsen ist er jedoch nicht in Toskana, sondern in Südfrankreich, wohin sich sein Vater, der Notar Ser Petracco da Parenzo, angelockt von der neuen Residenz der Päpste in Avignon, nach allerlei Irrfahrten gewandt hatte. Die Familie, Frau und zwei Söhnchen, war in dem Landstädtchen Carpentras untergekommen. Dort trieb Francesco seine ersten lateinischen Studien, mit ebenso großer Begeisterung wie Begabung, aber ohne Gnade vor den Augen des Vaters, der seinen Erstgeborenen zum Juristen bestimmt hatte. Gelegentlich warf er ihm die poetischen Abgötter ins Feuer, und er hielt mit Strenge darauf, daß er sein Studium – zuerst in Montpellier, später in Bologna – nicht vernachlässigte. Der Tod des Vaters (im Frühjahr 1326) gab dem Sohn die Freiheit: er verließ die Universität und kehrte nach Avignon zurück. Dort nahm er, ein sehr anziehender, aber gänzlich mittelloser junger Mann, nach dem unbedenklichen Brauch der Zeit, die Tonsur und die niederen Weihen und zeigte sich auf dem (von ihm gehaßten) holperigen Pflaster Avignons in Bologneser Eleganz unter den jungen Leuten von Welt.

Der Zweiundzwanzigjährige fand durch die Freundschaft mit einem Altersgenossen aus dem Hause Colonna Verbindung mit dieser mächtigen Familie des römischen Hochadels.

Er bekam seine erste Pfründe und lenkte die Aufmerksamkeit durch ein kühnes geistiges Abenteuer auf seine Dichtung. Liebe hatte ihn getroffen: am Karfreitag (des Jahres 1327) war er in Santa Chiara der edlen Frau, Madonna Laura, begegnet, die er, solange er lebt, aus demütiger Ferne verehren und in all seinen Gedichten feiern will (und wird): es ist Liebe nach Bolognas nobler Schule des »Süßen neuen Stils« (Dolce stil nuovo). Das Beispiel Dante und Beatrice scheint durch – und verblaßt vor dem neuen Paar Petrarca und Laura. Die Liebe hat einen neuen Namen, einen Vornamen, denn mehr als diesen haben weder seine Freunde noch später die Literaturhistoriker nicht mit Sicherheit in Erfahrung gebracht. Der Dichter wahrte sein Geheimnis; das gehörte zum Stil des Gelübdes, die geläuterte, durch keinen sinnlichen Gedanken getrübte Liebe zu einer hohen Frau als lenkende und veredelnde Kraft über sein Leben zu setzen.

Er hätte mit gleichem Recht die Freundschaft preisen dürfen, denn zu Laura gehört der jugendliche Kardinal Giovanni Colonna; er nahm den Fünfundzwanzigjährigen in sein Haus. Dieses Ereignis wurde für Petrarca nicht weniger bestimmend als die Begegnung von Santa Chiara. In der großen Familie des Kardinals gewann er Lello di Stefano (»Laelius«) und Ludwig von Kempen (»Socrates«), unter den Gästen des Hauses den schönen Abenteurer Azzo da Correggio für immer zu Freunden. Und im Schatten von Macht und Vornehmheit, die er immer lieben wird, fand er sorgenfreie Zeit für seine humanistischen Studien – in der Person des Kardinals, des Führers der italienischen Kardinäle gegen die französische Übermacht, fanden sich diese Studien glanzvoll und lebendig bestätigt. Die vaterländische Begeisterung, die Petrarcas Humanismus belebt und durchwärmt, ist im südfranzösischen Exil gereift; ihren innersten Antrieb, den flammenden Stolz auf Rom, nährte das Haus des Kardinals, und alles, was der junge Poet erdenken wird, um seinen Namen mit dem der ewigen Roma zu verbinden und sich auf diese

Weise die heiß ersehnte Unsterblichkeit zu sichern, wird der immer freundliche Gönner ihm richten.

Als Petrarca von seinem ersten Besuch der Ewigen Stadt (im Jahre 1337) zurückkehrte, erbat er sich von dem Kardinal ein Landgütchen in Vaucluse, dem »geschlossenen Tal« der Sorgue, unweit Avignons. Dort begann er jetzt, lateinisch zu dichten, dort reifte in der Einsamkeit der nächsten Sommer seine »Africa«, ein Epos in der Sprache und im Stil Vergils, das römische Größe in den Taten des Älteren Scipio Africanus verherrlichen soll. Petrarca hat dieses Werk, solange er lebte, nicht aus den Händen gegeben. Es erfüllte ihm alles, was er von ihm erhoffte: das Gerücht von seinem Wagnis allein reichte hin, seinen Namen berühmt zu machen – und so konnte er denn seinem Gönner (den er schwerlich damit überrascht hat) eines schönen Tages triumphierend melden, daß Rom und Paris, hier die Universität, dort der Senat, an ein und demselben Tage dem Dichter der »Africa« die Lorbeerkrone anboten. Mit einer großen Gebärde seines römischen Stolzes zog Petrarca »den von Unwissenheit strotzenden Felsen des Kapitols der Königin der Wissenschaften« vor. Damit aber seiner Ehrung die Pracht einer Majestät nicht fehle, wurde König Robert von Neapel gewonnen, ihn auf seine Würdigkeit zu prüfen. Drei Tage dauerte diese Prüfung, aus der Petrarca mit schriftlichem Zeugnis und bekleidet mit einem Mantel des Anjou entlassen wurde, um am Ostersonntag des Jahres 1341 auf dem römischen Kapitol in Gegenwart einer tausendköpfigen Menge den Lorbeer zu empfangen. Der ihn krönte, war Orso d'Anguillara, Senator Roms und Schwager der Colonna. Am Abend des denkwürdigen Tages entfaltete dieses älteste Geschlecht die Pracht seines Hauses zu Ehren des heimatlosen Dichters.

Der Siebenunddreißigjährige hatte die Höhe seines Lebens erreicht. Er war eines Königs Freund, Ehrenbürger Roms, der gekrönte Dichter der Römer, bestaunt, geliebt – und er war bereit für die Versuchungen seiner Eitelkeiten; sie sollten ihm noch trübe Jahre schaffen.

Einen Monat nach seiner Krönung, im Mai 1341, zog Petrarca in Parma ein, hoch zu Roß, inmitten der Söldner seines Freundes Azzo da Correggio, der sich eben mit List und Verrat dieser Stadt bemächtigt hatte. An seiner *Africa* arbeitend, verlebte er in Parma und dem nahen ländlichen Selvapiana ein glückliches Jahr; aber schon bei einem zweiten Besuch geriet er in die Wirren einer langen Belagerung, der er sich erst, kurz ehe Azzo die Stadt verlor, auf einer nächtlichen Flucht durch beide Heere entziehen konnte. Langsam nur klangen, auf ruhelosen Fahrten, die Erregungen und Enttäuschungen in ihm ab. Die literarischen Arbeiten dieser Zeit, die Traktate *Vom einsamen Leben, Von der Muße der Klosterleute* (für seinen Bruder Gherardo, der Mönch geworden war) und die *Gespräche von der Weltverachtung*, zeigen, wo er Halt und Heilung suchte; aber sie halfen ihm nicht. Auf Azzo folgte Cola di Rienzo, auf den Condottiere der Tribun der römischen Freiheit. Als der aufrief, die Römische Republik zu erneuern und Italien zu einigen, als das Volk von Rom sich erhob – wie hätte sein Dichter dabei fehlen dürfen! Tief überzeugt, der besten Sache ein notwendiges Opfer zu bringen, zerbrach Petrarca die zwanzigjährige Freundschaft mit den Colonna und verließ an jenem 20. November 1347, dem vor den Mauern Roms sechs Mitglieder dieses Hauses im Kampf mit Colas Haufen fielen, seine Einsamkeit in Vaucluse, um nach Rom zu eilen. Seine Hoffnungen wurden schmählich enttäuscht. Schon in Genua hörte er, bedrückt und voll Zorn, von den Narreteien und Verbrechen des machttrunkenen Tribuns, kurz darauf von seinem alles begrabenden Sturz.

Wie immer trieben ihn Schmerz und Enttäuschung auf eine ruhelose Wanderschaft. Er weilte in Ferrara bei den Este, in Carpi bei Manfredo Pio, in Parma und Mantua, in Padua bei Giacomo da Carrara – nirgends duldete es ihn. Wo ihn seine

Seele Ruhe finden ließ, da vertrieb ihn die Pest, vor der er immer schlotternde Angst hatte; sie nahm ihm Laura und Giovanni Colonna im schrecklichen Jahr 1348; verängstet und vergrämt, ergab er sich einem müden, weltschmerzlichen Unmut, jener Acedia, in der das ausgehende Mittelalter seine Gemütskrankheit erlebte. Viele Jahre noch quälte er sich mit ihr, suchte er vergeblich Beschwichtigung: noch im Jubiläumsjahr 1350 auf einer Wallfahrt nach Rom, anschließend in der altvertrauten Einsamkeit zu Vaucluse. Zwei Jahre hielt er es dort aus; dann verließ er das Gütchen und Südfrankreich für immer.

Er kehrte heim, doch nicht nach Florenz, das ihn kurz vorher zu ehrenvoller Rückkehr eingeladen hatte, dessen »Volk« er aber nicht liebte: sondern er ließ sich auf der Durchreise durch Mailand vom Fürsten dieser Stadt, dem »großen Erzbischof« Giovanni Visconti, zum Bleiben bewegen – offensichtlich aus keinem anderen Grund als aus seiner tiefen Liebe zum Starken und Prächtigen, die seinen liebenswürdigen und geschmeidigen, aber haltbedürftigen Geist zu dem tapferen und glänzenden Wesen dieses Fürsten führte. Die federgewaltigen Demokraten wetterten gegen den »Höfling des Tyrannen«; Petrarca aber blieb bei Giovanni und, als der schon im Jahre darauf verstarb, auch bei den Neffen und Nachfolgern, die – ohne des Erzbischofs große Eigenschaften – nun schon rechte Tyrannen waren. Um Petrarca freilich bemühten sie sich wie um einen bevorzugten Gast und Freund, und so konnte er sich hier die Stellung schaffen, die er den künftigen Humanisten als eine Art Modell hinterließ: Ihn beschwerte kein Amt an diesem Hof, es sei denn die Pflicht, ihn durch seine Anwesenheit zu schmücken, bei festlichen Anlässen an der Seite der Fürsten zu erscheinen oder bei ihren Söhnen Patenschaft zu übernehmen. Mit feierlichen Gesandtschaften ging er als Prunkredner nach Venedig, Prag, Paris; er sprach zu den Bewohnern einer eroberten Stadt, schrieb Briefe in seinem bewunderten Latein und wohnte einem wichtigen Staatsrat bei. Trotz gelegentlicher, ein wenig gefallsüchtiger Seufzer hat ihn das alles kaum beschwert, sondern war seiner unruhigen Eitelkeit gerade willkommen; denn immer hat er neben den stillen Stunden im Kreis der Freunde und über seinen Büchern und Papieren auch die Bühne gebraucht, auf der er sich in seinem Ruhm genießen und eine Rolle spielen konnte. Mailand gab ihm beides: hier war er einsam in seinem Haus bei San Ambrogio und von Verehrung und Bewunderung umgeben am Hof. Hier hatte er die Stellung, die seinen Beziehungen zu einem Karl IV. und seinen anspruchsvollen Weisungen in den Streitigkeiten italienischer Stadtstaaten Hintergrund gab; hier fand er ergebene Freunde nicht nur unter den Gelehrten und Literaten, sondern auch unter den Männern auf der rauheren Seite des Lebens, traf er seinen alten Freund Azzo da Correggio wieder und genoß die Verehrung des jugendlichen Anführers der Visconteischen Reiterei.

So bildeten die acht Mailänder Jahre noch einmal eine freundlich-friedliche Insel in diesem unruhevollen Leben. An allen seinen Werken hat er hier, wie immer feilend und bessernd, gearbeitet. Er schloß den *Canzoniere*; sein Herz gab Ruhe – im Verzicht. Die Werke dieser Jahre: das *Syrische Reisetagebuch* für einen Freund, der sich zu einer Wallfahrt nach dem heiligen Lande rüstet, die *Trionfi*, die er 1357, der *Trostspiegel in Glück und Unglück*, den er 1358 begann – sie verraten, was er in einigen Jahren selber wissen und auf seine Art sichtbar machen wird, indem er seine *Briefe an die Freunde* schließt und die Sammlung seiner *Altersbriefe* eröffnet. Er war alt – und gerade jetzt wieder heimatlos. Noch einmal ängstigte ihn die Pest; sie nahm ihm seinen (natürlichen) Sohn Giovanni, den er nicht geliebt und der ihm keine Freude gemacht hat, und den besten seiner Freunde: »Socrates«. Er trennte sich von Galeazzo Visconti und floh aus Mailand, um in Venedig Schutz zu suchen. Die Wahl wäre anders nicht leicht zu begreifen. Er hatte zwar auch dort seine Getreuen, fand auch dort die vornehme Umgebung, die er liebte, und sah sich mit allen Ehren in die staatliche Repräsentation einbezogen; aber der Humanismus hatte kaum Boden in der Metropole des Levante-Handels. So war es kaum Zufall, daß dem Dichter dort zustieß, was ihn wie kein anderer Vorfall seines Lebens kränkte und aufbrachte: daß ihn Freunde, Philosophen aus der Schule des Aristoteles, Averroisten (und also alles andere als Humanisten) »einen guten, aber wissenschaftlich unbedeutenden Mann« nannten. Das genügte, den Verwöhnten, der nie eine Kritik ohne Erwiderung gelassen hatte, zu dem langatmigen, gereizten, oft bösartig-gescheiten, ebensooft bedauerlich unaufrichtigen *Büchlein von seiner und vieler anderer Leute Unwissenheit* herauszufordern. Es war, nach fünf Jahren, sein Abschied von Venedig, das er jetzt nicht mehr die Beherrscherin der Meere, sondern »die Matrosenstadt, in der ich meinen Ruhm verlor« nannte.

Der Dreiundsechzigjährige siedelte nach Padua über, zu Francesco da Carrara. Bei diesem Fürsten mit dem Ruf eines hemmungslosen Tyrannen und der zarten Liebe eines Sohnes für den greisen Dichter verlebte Petrarca, zuerst in Padua selbst, dann in einer Villeggiatur im nahen Arquà, den Rest seiner Erdentage, die bis zuletzt erfüllt waren von Liebe und Ruhm, von Studien und Reisen. Dürfte man einer alten Überlieferung glauben, so hätte den über seinen Büchern Eingeschlafenen ein sanfter Tod überrascht, am 18. Juli 1374 in der Frühe.

2

Die Frage, die so viele Biographen Petrarcas beunruhigt hat, ob sein italienisches oder sein lateinisches Werk höher zu stellen sei, hat er für sich ohne viel Umstände beantwortet, indem er seine Lyrik mehr als einmal als »jugendliche Reimereien« und »Kleinigkeiten« abtat; gewiß nicht mit vollem Ernst, aber doch nicht ohne Gewicht: von seinen lateinischen Schriften hätte er so nicht gesprochen. Wenn das vermerkt ist, bedarf die Überlegung, ob der Rang, den sein *Canzoniere* in der italienischen Lyrik behauptet, oder die Schlüsselstellung, die man seinem Humanismus für die europäische Geistesgeschichte zugestehen muß, höher zu stellen ist, keiner Erörterung mehr; sie verspricht kein Ergebnis, vielmehr hat sie immer nur die Einheit seines Werkes verdeckt und die weitverbreitete, nichtsdestoweniger irrige Behauptung begünstigt, Petrarcas Überbewertung seines Lateins habe nicht nur der eigenen Lyrik geschadet, sondern auch das böse Beispiel einer durch zwei Jahrhunderte währenden Unterdrückung der Nationalsprache durch das internationale Idiom der Humanisten gegeben. Dieser Schluß mag angesichts der humanistischen Theorien mit ihrer unverhohlenen Verachtung des Italienischen naheliegen, in einzelnen Fällen sogar seine Richtigkeit haben – im ganzen verkennt er, daß das Lateinische von Petrarca bis Ariost das unentbehrliche Vorbild und die führende Erzieherin des Italienischen auf seinem langen Wege aus den mittelalterlichen Dialekten zur durchgebildeten italienischen Hochsprache der Renaissance gewesen ist.

Schon die Inspiration dieses Prozesses war lateinisch. Wir haben das Zeugnis Petrarcas, daß ihn die Verse Vergils und Ciceros Perioden durch ihren Wohllaut schon in einem Alter bezauberten, in dem er noch nicht imstande war, den Sinn des Gelesenen zu fassen. Das Grunderlebnis aller seiner Arbeit ist die Faszination durch die sprachliche Schönheit. Von ihr aus hat er in Vergil und Cicero für immer seine Lehrer gewählt, von ihr aus wird er die großen Entscheidungen seines Weges treffen: ohne Zögern verwirft er die *Göttliche Komödie* wegen ihres rauhen Italienischen und die ganze theologisch-philosophische Leistung der Scholastik wegen ihres barbarischen Lateins. Einen Unterschied kann er darin nicht machen, das eine gehört zum andern, bildet zusammen den einen Auftrag, den er im Namen des neuen mediterranen Geschmacks gegen den mittelalterlichen zu erfüllen hat: das über Logik und Dialektik gänzlich verkommene Latein der Scholastik zu klassischer Schönheit und Eleganz zurückzuführen und der Sprache Dantes durch Veredelung und Schmeidigung die Anmut der Form und den Wohlklang des Verses zu geben, die sie der poetischen Sprache der römischen Klassik ebenbürtig machen sollen.

Glück und Kümmernis liegen in diesem Auftrag dicht neben- und ineinander. Glück für den, der von der Leidenschaft besessen ist, schöne sprachliche Gebilde zu schaffen und sein Leben lang daran herumzufeilen – Kümmernis für den, der sich bei diesem harmlosen Geschäft in Seelenkämpfe verstrickt sieht, die er nicht erwartet hat und die er nicht erträgt. Es ist nicht unmöglich, daß er sich eben deshalb ahnungsvoll das bescheidene Ziel setzt, »das, was andere schon gesagt, schöner noch einmal zu sagen«. Dies möchte er, und dafür ist er begabt, blind und hellsichtig in einem: von Dantes Größe und Strenge hat er keinen Begriff, aber er ist höchst empfindlich gegen den Mangel an eigentlichen lyrischen Werten der *Vita nuova*, gegen die Pedanterie ihrer mathematischen Ordnung und die Starrheit ihrer schulmäßigen Haltung. So war er vor allen seinen Zeitgenossen berufen, Dantes sprachschöpfendes Werk ästhetisch zu vollenden.

Damit öffnet sich seiner Neigung und Begabung das erwünschte Feld für sein empfindsames Ohr, dem nichts Rauhes und Unedles entgeht, wie für seine Andacht zum schönen, klaren Wort in neuen, unvergeßlichen Bindungen. Er sucht und entwickelt das Singbare seiner Muttersprache und durchhaucht seinen Vers mit seiner den Lateinern abgelauschten bewußten Beredsamkeit, die alles, was er sagt und singt, mit gleichmäßig »süßer Wärme« durchdringt und alle Vollendung der Form sich dienstbar macht: Anmut und

Eleganz der Sprache, Durchsichtigkeit des geistigen Baues und das edle Maß der Gefühle.

Schöpfung eines lyrischen Genies – in Fesseln und Schmerzen. Ihr Erlebnis der vergeistigten Erotik, von den Dichtern des »Süßen neuen Stils« mit mystischem Tiefsinn entwickelt, hatte der letzte von ihnen, Dante, hochgezüchtet zu jener äußersten Spiritualität, wo Liebe aus Sehnsucht nach Läuterung vom Fleisch und aus Drang nach jenseitigem Glück nur noch ein Hauch ihrer irdischen Gewalt, die Geliebte nur noch ein Engel ist, dem sinnlicher Wunsch nicht mehr naht. Hier gab es nichts mehr zu tun, und wenn Laura Beatrices Schwester (als welche sie empfangen war) bleiben sollte, gab sie wenig Raum für Dichtung und viel Gefahr für Artistik – wenn sie heraustreten sollte aus Abstraktion und Spiritualität, gab sie viel Anlaß zu Klage und Reue für den, der wie Dante schon den Verdacht der Sinnlichkeit als schimpfliche Verfehlung empfand. Und die Geliebte tritt heraus: erlöst durch die sinnlich-klassische Sprache Petrarcas, wird sie aus einem Engel und der Botin Gottes zwar noch nicht geradezu ein Mensch, aber doch eine mit menschlichen Reizen ausgestattete Göttin, und was ihren Dichter (wenn auch je und je gegen seinen Willen und wider sein Gewissen) begeistert, ist nicht immer nur ihr engelhafter Sinn, sondern auch ihr schöner Körper und ihre Gestalt im Grün der Landschaft, im Regen der Blüten, am hellen Bach und im dunklen Hain, und Hals, Haar, Auge und alle Schönheit eines Frauenkörpers.

So werden Zug um Zug Lauras Reize auch die des Canzoniere, und die zwiespältige Seele des Dichters muß beklagen und bereuen, was ihm an neu geschauten Bildern und Formen, neuen Prägungen seiner Sprache gelingt. Er quält und verdächtigt sich, aber er nimmt nichts zurück; er bekennt seine Verfehlungen und hört doch nicht auf, sie zu lieben. Er hätschelt seine schwache Seele, die nicht kämpfen und sich nicht entscheiden will, die klagend zwischen nie versöhnten Gegensätzen lebt, in einer schwebenden Elegie, zu der er sich (mit einem Seufzer der Genugtuung) bekennt – als einer von denen, die es freut, zu weinen (di quei che il pianger giova). Er zeichnet dieses entnervende Spiel auf, das seine gequälte Seele mit Verfehlung und Reue, Neugierde und Heimweh, aufrichtiger Klage und elegischem Auskosten dieser selben Klage mit ihm treibt – er schreibt es nach mit der Sensibilität und der geduldigen Meisterschaft, die ein Stück seiner Genialität sind. Mögen auch in seinem Canzoniere manche artistische und rhetorisch aufgeputzte Stücke des Ausweichens und Vertuschens stehengeblieben sein – sie nehmen seinem Liederbuch nichts Wesentliches an Wert, da es neben und über der Vollendung des einzelnen Gedichts ein lyrisches Tagebuch ist – das Tagebuch einer Seele zwischen den Zeiten und ihren Idealen.

3

Die tiefen inneren Gegensätze des Menschen zweier Zeitalter (als den er sich gelegentlich selbst bezeichnet) kann – und will Petrarca auch in seinen lateinischen Schriften nicht auflösen. Auch in ihnen pflegt er seine Seelenkrankheit. Weitschweifig und nicht immer aufrichtig meditiert er über Weltfreude und Weltverachtung, Leidenschaft und Vernunft, wenig fruchtbar für ihn wie uns, im einzelnen oft rührend, im ganzen verdrießlich, weil man hier dem Wüten einer fehlgehenden reichen Natur gegen sich selber beiwohnen soll. Augenfällig wird dies in dem dickleibigen Alterstraktat *Trostspiegel in Glück und Unglück*, der alles, wofür Petrarca einmal gelebt hat, unter einer frostig-pessimistischen Vernünftigkeit erstickt; bemerkenswerter immerhin sind die *Gespräche über die Weltverachtung*, in denen er, auf der Höhe seines Lebens, vor Augustin eine Art Beichte ablegt: in einer stoischen Attitude, die seiner Natur in ganz ähnlicher

Weise entgegengesetzt ist wie die spirituale Liebe seines Canzoniere.

Es fällt nicht ganz leicht, an den Ernst solcher Selbstvergewaltigungen zu glauben, da doch derselbe Mann zur selben Zeit ohne Skrupel eine humanistische Existenz sich aufbaut: ein seinen Studien allein gewidmetes Leben ohne jeden Zwang und irgendeine soziale Bindung, in dem bescheidenen Wohlstand, in dem er weder den anregenden Wechsel zwischen Stadtwohnung und Villeggiatur noch Diener, Schreiber und Pferde zu entbehren braucht. Es ist der Entwurf eines Lebenskünstlers, dem nur sein übersensibles, höchst reizbares und solchergestalt unzuverlässiges Temperament allzuoft die Zustimmung versagte; ein Experiment – auch in der Hinsicht, daß es für seine Zeitgenossen neu und unerhört war.

Der lebenslange Bericht über dieses erste Humanistendasein in mehr als sechshundert von Petrarca selbst ausgelesenen Briefen (die oft Essays sind) verdient denn auch viel mehr als etwa die *Gespräche über die Weltverachtung* den Platz neben dem Canzoniere: als ein anderes Tagebuch (neben dem lyrischen), das uns so viel von der Anmut eines Geistes und der Anziehung eines Menschen bewahrt, dessen Unterhaltung, Umgang und Freundschaft von den besten seiner Zeitgenossen als höchste Auszeichnung betrachtet wurden, und das von der glücklichen Atmosphäre seiner humanistischen Welt noch immer einen Widerschein vermittelt. Denn glücklich (soweit ihm sein kränkelndes Gemüt das überhaupt erlaubt) darf Petrarca hier sein. Von Vergil und Cicero eingeführt, die in der Kirche viele und gewichtige Fürsprecher haben und in seinen Augen halbe Christen sind, fühlt er sich berechtigt zur Lektüre aller bekannten und zur Suche nach allen verlorenen Autoren. Seine Leidenschaft für Handschriften entfesselt die große »Bücherjagd« der kommenden Humanisten. Er selbst durchstöbert auf seinen Reisen die Büchereien der Kirchen und Klöster; er nützt seinen Ruhm, seine Freundschaften und seine Schüler und schafft in Italien und Frankreich, in Spanien und England, ja selbst in Griechenland ein ganzes Netz von Nachforschungen. Immer hat er einige Schreiber im Hause, immer hat er, nicht nur auf Reisen, Nächte drangegeben, eignes oder besonders teures fremdes Gut abschreibend zu verbreiten oder auch nur zu erhalten.

Die Bücherei, die er auf diese Weise von überallher zusammenbringt, ist schon früh reichhaltig genug, ihrem Besitzer eine vielbestaunte Kenntnis des klassischen Altertums zu verschaffen. Doch macht nicht Gelehrsamkeit den Humanisten, sondern Erlebnis und Begeisterung. Wie denn der Humanismus nicht an den Universitäten entstanden ist, sondern aus der Wiederentdeckung des Lateins durch einen Dichter. Aus der begeisterten Lektüre der römischen Klassiker, Geschichtsschreiber und Philosophen ersteht die römische Welt in ihrer alten Gestalt. Rom steht auf in seiner Sprache, und Petrarca öffnet dem sprachmächtigsten aller Römer, Cicero, eine neue bedeutungsvolle Laufbahn. Der große Redner und Schriftsteller wird das höchste humanistische Vorbild: Beredsamkeit (Eloquenz) – der Begriff, dem Petrarca sein humanistisches Streben unterordnet, von seiner Bemühung um den besonderen Kult des Worts in der schriftstellerischen Hervorbringung bis zu seiner Tätigkeit an den Höfen; Beredsamkeit tritt (echt römischer Gedanke) an die Spitze der neuen Bildung, setzt sich über die praktischen Disziplinen der Theologie, Jurisprudenz und Medizin und alle Künste: humanistische Bildung ist rhetorisch-literarisch.

Es ist Petrarcas Sieg über die verhaßte Scholastik der Banausen. Plötzlich gibt es, auf seiner Spur, viele junge Menschen, die nicht mehr zur Universität gehen, keinen Beruf mehr ergreifen, sondern die römischen Autoren studieren, um mit der neuen Bildung und elegantem Latein an den Höfen und in den Kanzleien der Städte, als Sekretäre von Fürsten und Prälaten ihr Glück zu machen. Damit tritt in das abendländische Geistesleben eine wesentlich neue Gestalt: der Schriftsteller, homo litteratus, der Mann, der schreibt, nicht so sehr, weil er aus bestimmtem Wissen zu einer bestimmten Sache etwas mitzuteilen hat, sondern weil er schreiben kann – aus dem Anspruch der Eloquenz. Literarisches Bewußtsein, wie es Petrarca geweckt, entwickelt in der Romania eine rhetorisch-literarische Kultur und in ihr den Schriftsteller zu einer Macht im öffentlichen Leben seiner Nation: er führt wie Petrarca die Sache der Bildung gegen die Barbarei – im Namen Ciceros, dessen Geltung für Jahrhunderte die Grenzen des westlichen Humanismus bestimmen wird.

4

Die Literatur der Renaissance hat, gemessen an ihrem Ruhm, nur wenige Werke allerersten Ranges hervorgebracht: Petrarcas *Canzoniere*, Boccaccios *Decamerone* und Ariosts *Orlando Furioso*. Schon sie lassen sich ohne große Pressung auf Petrarcas Bestimmung der Dichtung, »das von andern schon Gesagte schöner noch einmal zu sagen« zurückführen, erst recht die ganze übrige unendliche Schreiberei der italienischen Renaissance in Sonetten, Novellen, Lustspielen und Essays, immer (noch bei Ariost!) in lateinischer und italienischer Sprache nebeneinander. Wir beobachten eine Nation auf der Suche und bei der Wiedererarbeitung ihrer verlorengegangenen Form. Aus der christlich-romanisch-germanischen Mischkultur des Mittelalters die Romanitas wiederzugewinnen, das stand der Zeit, die wir Renaissance nennen, vor Augen. Der Weg dahin hieß Latinisierung. Aufgabe war es, die alte Romania der von Rom einst kolonisierten Völker noch einmal im Geiste Roms zu formen und zu erziehen – lateinisch durchzuarbeiten. Die Literatur macht dazu den Anfang, und an ihrem Anfang wiederum steht, weckend, inspirierend und begeisternd, Francesco Petrarca – nicht in jedem Augenblick seines Daseins, aber für das Ganze seines

Werks unter seinem Wort: »Uns gilt die Beredsamkeit mehr als das Leben und mehr als die Tugend das Studium des Altertums.«　　　　　　　　　　　　　　H. W. E.

BRIEF AN DIE NACHWELT

Vielleicht hörst du einmal etwas über mich – obwohl ein so kleiner und dunkler Name durch die vielen Jahre und Länder kaum zu dir gelangen mag –, und dann wünschest du vielleicht zu wissen, was für ein Mensch ich war und wie es meinen Werken ergangen, besonders jenen, von denen ein Gerücht zu dir drang oder deren armen Namen du gehört hast. Die Menschen werden über mich verschieden urteilen; denn jeder spricht ja in der Regel so, wie es ihm die Lust, nicht die Wahrheit eingibt, und man hält weder im Lob noch im Tadel Maß.

Von eurer Herde war ich einer, ein sterbliches Menschenkind; weder von allzuhoher noch von niederer Herkunft. Meine Familie, wie das Kaiser Augustus von der seinigen zu sagen pflegte, war alt. Ich war nicht ungünstig begabt, noch sittlich schlecht veranlagt, doch haben mich üble Gewohnheiten geschädigt. Die Kindheit betrog mich, die Jugend verdarb mich, das Alter hat mich gebessert und mich am eigenen Leibe erfahren lassen, daß es wahr ist, was ich so oft gelesen, daß Jugend und Lust eitle Dinge sind – das Alter, oder besser Er, der Herr alles Lebens und aller Zeiten, der die armen Sterblichen in ihrer leeren Aufgeblasenheit bisweilen in die Irre gehen läßt, damit sie so, freilich oft erst spät, ihre Schwächen fühlen und sich selbst kennen lernen.

Mein Körper war in der Jugend nicht allzu kräftig, aber von großer Gewandtheit, mein Aussehen nicht hervorragend schön, aber so, daß ich in jungen Jahren gefallen konnte. Meine Hautfarbe war frisch, vom Weißen ins Bräunliche spielend; meine Augen lebhaft und lange Zeit von größter Sehkraft, die mich aber gegen alle Hoffnung nach meinem sechzigsten Jahre verließ, so daß ich leider zur Brille greifen mußte. Auch hat das Alter meinen sonst immer gesunden

Körper angegriffen und durch die üblichen Alterskrankheiten geschwächt.

Ich bin geboren von achtbaren Eltern, Florentinern, die in mittelmäßigen, offen gestanden fast ärmlichen Vermögensverhältnissen lebten und aus der Heimat verbannt waren, zu Arezzo im Jahre 1304 dieser letzten mit Christi Geburt anhebenden Zeitperiode, an einem Montag früh am 20. Juli.

Ich war ein vollendeter Verächter des Reichtums, nicht als ob ich nicht gerne reich gewesen wäre, aber ich haßte Arbeit und Mühe, die mit dem Reichtum unzertrennlich verbunden sind. Auch an üppigen Mahlzeiten lag mir nichts; bei meiner einfachen Lebensweise und den bürgerlichen Speisen lebte ich fröhlicher als alle Jünger des Apicius bei den ausgesuchtesten Mahlzeiten. Diese Gelage, die doch Schlemmereien sind und dem Anstand und den guten Sitten Hohn sprechen, mißfielen mir immer, und ich hielt es für eine unnütze Mühe, andere zu solchen einzuladen oder gar mich selbst einladen zu lassen. Gemeinsam dagegen mit Freunden zu speisen, war mir so angenehm, daß ich nichts Lieberes kannte, als wenn sie ungeladen zu mir kamen; und ich wollte nie ohne Tischgenossen speisen. Nichts mißfiel mir mehr als Prunk, nicht nur weil er vom Übel und das Gegenteil von Bescheidenheit, sondern weil er etwas Lästiges und ein Feind der Ruhe ist.

An glühender Liebe, aber nur einer einzigen und ehrbaren, litt ich in meiner Jugend und ich hätte noch länger daran gelitten, wenn nicht ein bitterer, aber nützlicher Tod das schon erkaltende Feuer ausgelöscht hätte. Ich wünschte sagen zu können, daß ich mich von Ausschweifungen rein gehalten habe; ich kann es nicht, ohne zu lügen. Aber das darf ich offen sagen, daß ich jenes niedrige Laster, wenn mich auch Jugendglut und Fleischesschwäche dazu verführten, tief im Innern stets verabscheut habe. Und bald darauf, seit meinem 40. Lebensjahre, da ich noch genug Leidenschaft und Kraft besaß, habe ich nicht nur jede unzüchtige Tat, sondern auch jeden

Gedanken daran so fern von mir gehalten, als hätte ich nie ein Weib angeschaut. Und ich halte dies für mein höchstes Glück, Gott dankend, daß er mich noch immer, trotz Gesundheit und Kraft, vor einer so niedrigen und mir immer verhaßten Sklaverei bewahrt hat.

Doch ich gehe zu anderm über. Ich lernte den Hochmut kennen bei andern, nicht bei mir: war ich unbedeutend, so war ich das noch mehr in meinen eigenen Augen. Mein Zorn hat mir selbst sehr oft geschadet, andern nie. Nach edler Freundschaft war mein Sinn stets glühend gerichtet, und ich hielt sie in treuer Pflege. Ich lobe mich furchtlos, weil ich weiß, daß ich die Wahrheit spreche. Leicht reizbar, vergaß ich ebenso leicht Beleidigungen und dachte an Wohltaten stets dankbar nur zurück. Man beneidete mich, weil Fürsten und Könige mit Vertraulichkeit und edle Männer mit Freundschaft mich beglückten. Aber das ist ja das traurige Schicksal alternder Leute, daß sie so oft den Tod treuer Freunde zu beweinen haben. Die besten Könige meiner Zeit liebten und verehrten mich. Warum, weiß ich nicht; sie selbst mochten es wissen. Mit einigen verkehrte ich wie mit Meinesgleichen und erfuhr so nur das Angenehme, nicht das Lästige, das ihre hohe Stellung mit sich brachte. Trotzdem zog ich mich von vielen, die ich innig liebte, zurück; so groß war in mir die Liebe zur Freiheit, daß ich einen, wenn schon allein sein Name meine Freiheit zu gefährden schien, mit aller Kraft mied.

Meine geistigen Fähigkeiten führten mich eher zu ruhiger Betrachtung als zu scharfer Polemik. Zu jedem guten und wertvollen Studium geeignet, neigte ich besonders zur Moralphilosophie und Poesie. Die letztere vernachlässigte ich im Laufe der Zeit und erfreute mich an heiliger Wissenschaft, in der ich eine verborgene Süßigkeit verspürte, die ich früher verachtet hatte. Die schöne Literatur dient mir nur noch zum schönen Zeitvertreib. In ganz einziger Weise trieb ich das Studium des Altertums, weil mir meine eigene Zeit immer so sehr mißfiel, daß – wäre nicht die Liebe zu den mir Teuren gewesen – ich wünschte, in jedem andern Zeitalter geboren zu sein; und um die Gegenwart zu vergessen, suchte ich, im Geiste mich in andere Zeiten zu versetzen. Deshalb liebte ich die Lektüre von Geschichtsschreibern, wenngleich mich bei ihnen der Mangel an Übereinstimmung störte. In zweifelhaften Fällen folgte ich dem, auf dessen Seite mich die größere Wahrscheinlichkeit der Darstellung oder die größere persönliche Autorität zog.

Meine Redeweise war, wie Einige sagen, klar und wuchtig, wie es mir selbst den Eindruck machte, kraftlos und verschwommen. Ich strebte auch in der Unterhaltung mit Freunden und Bekannten nie nach Beredsamkeit und wundere mich, daß Kaiser Augustus solche Sorgen kannte. Wenn es aber das Thema, der Ort oder das Publikum zu verlangen schien, strengte ich mich etwas an; mit welchem Erfolg, weiß ich nicht; das mögen die beurteilen, vor denen ich gesprochen habe. Es liegt mir nichts daran, gut gesprochen zu haben – hätte ich nur gut gelebt! Es ist ein windiges Streben, allein durch den Glanz der Rede sich einen Namen verschaffen zu wollen.

Meinen Lebensgang hat teils Zufall, teils eigener Wille folgendermaßen gestaltet: Mein erstes Lebensjahr, wenn auch nicht ganz, verbrachte ich zu Arezzo, wo mich die Natur das Licht der Welt erblicken ließ; die sechs folgenden Jahre dann, als meine Mutter vom Exil zurückgerufen wurde, zu Ancisa, dem väterlichen Landgut, 14 000 Schritte oberhalb von Florenz. In meinem achten Lebensjahre lebten wir zu Pisa, im neunten und den folgenden in Südfrankreich, am linken Rhoneufer, in der Stadt Avignon, wo der römische Papst die Kirche Christi in schmählicher Gefangenschaft hält und lange gehalten hat, wenn auch der fünfte Urban sie vor wenigen Jahren an ihren alten Sitz zurückgeführt zu haben schien. Aber die Sache zerschlug sich ja wieder, während Urban selbst, was mich noch mehr erbitterte, noch lebte und seine gute Tat gleichsam bereute. Er hätte, wenn er noch länger gelebt hätte, zweifellos erfahren, wie ich über seine Haltung dachte. Schon hielt ich die Feder in der Hand. Aber der Tod ereilte ihn, als er eben seinen herrlichen Plan aufgegeben hatte – der Unselige! Hätte er doch vor dem Altare Petri und in seinem eigenen Hause glücklich sterben können! Denn wären dann seine Nachfolger wieder in Rom geblieben, so konnte er selbst als des guten Willens Urheber gelten, und hätten sie es wieder verlassen, so würde sein Verdienst gegenüber der andern großen Schuld nur um so heller erstrahlt haben. Doch allzulange hält uns diese Klage auf.

Dort also am Ufer des wilden Flusses verbrachte ich meine Kindheit unter dem Schutze meiner Eltern, und meine Jünglingszeit unter eitlen Jugendträumen. Doch verlief mein dortiger Aufenthalt nicht ohne große Unterbrechungen. Denn volle 4 Jahre lebte ich damals in dem kleinen Carpentras, Avignon östlich am nächsten gelegen, und in diesen beiden Städten lernte ich von Grammatik, Dialektik und Rhetorik soviel, als man eben in diesem Alter vermag, oder vielmehr soviel, als in den Schulen gelernt zu werden pflegt, und wie wenig das ist, mein lieber Leser, weißt du. Dann reiste ich zum Studium der Rechte nach Montpellier und blieb dort weitere 4 Jahre; von dort ging ich nach Bologna, wo ich mich 3 Jahre aufhielt und das ganze corpus juris civilis hörte. Vielleicht hätte ich es, wie viele Leute glaubten, schon in der Jugend zu etwas Großem gebracht, wenn ich bei dem einmal Angefangenen geblieben wäre. Aber ich gab, sobald ich der Rücksichtnahme auf meine Eltern ledig war, dieses Studium ganz auf, nicht als ob ich vor dem Recht an sich keine Achtung gehabt hätte – es ist ja zweifellos von großer Bedeutung und zudem voll von Anklängen an das römische Altertum, das mich so sehr fesselt –, sondern deshalb, weil seine Anwendung unter der Schlechtigkeit der Menschen notleidet. Ich wollte nicht etwas erlernen, das ich nicht unehrlich gebrauchen wollte und ehrlich nicht gebrauchen konnte und bei dessen Gebrauch die Gewissensreinheit nur auf Kosten der Unwissenheit zu retten war.

So kehrte ich im Alter von 27 Jahren nach Hause zurück, das heißt nach Avignon ins Exil, wo ich seit dem Ende meiner Kindheit weilte. Denn nächst der Natur hat ja die Gewohnheit die stärkste Macht über uns. Dort wurde ich allmählich bekannt und meine Bekanntschaft fing an von großen Leuten gesucht zu werden. Aus welchem Grunde, kann ich offengestanden nicht sagen und wundere mich darüber. Damals freilich wunderte ich mich nicht darüber; nach Jugendbrauch schien ich mir jeder Ehre äußerst würdig. Insbesondere wurde ich aufgesucht von der berühmten und erlauchten Familie der Colonna, die damals an der römischen Kurie weilten und ihr zur Zierde gereichten. Ich wurde von ihnen liebevoll aufgenommen und, ich weiß nicht, ob auch jetzt, damals aber gewiß unverdienterweise in Ehren gehalten. Und der bekannte, unvergleichliche Herr Giacomo Colonna, damals Bischof von Lombez, der seinesgleichen nie hatte und nie haben wird, führte mich nach der Gascogne, wo ich im Hügelland der Pyrenäen einen fast himmlischen Sommer im angenehmsten Verkehr mit dem Hausherrn und seinen Begleitern verbrachte. Mit tiefer Sehnsucht gedenke ich noch heute jener Zeit. Von dort zurückgekehrt lebte ich bei seinem Bruder dem Kardinal Giovanni Colonna viele Jahre, nicht wie unter einem Herrn, sondern wie bei einem Vater, ja noch mehr, wie mit einem innigst geliebten Bruder, wie bei mir selbst und in meinem eigenen Hause.

In dieser Zeit erfaßte mich die jugendliche Sehnsucht, nach Frankreich und Deutschland zu reisen, und wenn ich auch andere Gründe vorgab, um die Reise meinen Gönnern einleuchten zu machen, so war doch der wahre Grund der Wunsch und Eifer Vieles zu sehen. Auf dieser Reise sah ich zum ersten Male Paris und es machte mir Freude, nachzuforschen wieviel wahr und wieviel legendenhaft an dem sei, was man sich über diese Stadt erzählte. Von hier aus reiste ich nach Rom, das zu sehen ich seit meiner Kindheit glühend wünschte, und dort verkehrte ich bei Stefano, dem großen Vater der Familie Colonna, einem Manne, vom Schlage der Alten, und ich wurde von ihm so aufgenommen, daß zwischen mir und einem seiner Söhne kein Unterschied zu sein schien. Diese Liebe und Zuneigung des hervorragenden Mannes zu mir blieb bis zu dessen letzten Lebenstagen immer gleich stark und lebt in mir noch jetzt und wird nie aufhören, ehe denn ich selbst aufhöre zu sein.

Von hier wieder nach Avignon zurückgekehrt, konnte ich den Überdruß und Haß, der sich gegen alles, besonders aber gegen diese mir so widerwärtige Stadt in meiner Seele erhob, nicht länger ertragen und suchte mir deshalb einen Zufluchtsort, eine Art von Hafen, und fand ihn in dem sehr kleinen, einsamen und lieblichen Tale, Vaucluse genannt, 15 000 Schritte von Avignon entfernt, wo die Königin aller Bäche, die Sorgue, entspringt. Von der Schönheit des Ortes eingenommen, zog ich mich mit meinen Büchern dorthin zurück. Meine Geschichte würde lange werden, wollte ich fortfahren zu erzählen, was ich dort so viele, viele Jahre hindurch getrieben. Die Summe davon ist, daß alle Werke, die ich verfaßt habe, hier entweder entworfen oder vollendet wurden, alle die vielen Werke, die mich noch jetzt in diesem meinem Alter beschäftigen und ermüden. Denn auch mein Geist war wie mein Körper mehr mit Gewandtheit als mit Kraft begabt. Deshalb gelangen mir so leicht die Entwürfe zu Arbeiten, die ich später bei der Ausführung als zu schwer wieder aufgeben mußte.

Hier in Vaucluse gab mir der Charakter der Landschaft ein, ein bukolisches Gedicht, ein Lied des Waldes, zu verfassen, sowie auch die 2 Bücher vom einsamen Leben, die ich Philipp widmete, dem hochbedeutenden Manne, der damals ein kleiner Bischof von Cavaillon war, jetzt aber der große Kardinalbischof von Sabina ist, der mir allmählich allein von allen alten Freunden übrig geblieben und der mich, nicht bischöflich wie Ambrosius den Augustinus, sondern brüderlich liebte und noch liebt. Und als ich einst an einem Karfreitag durch die Berge schweifte, da kam mir der Gedanke, lebhaft und nachhaltig, über jenen ersten Scipio Africanus, dessen Name mir wunderbarerweise von meiner frühesten Jugend an teuer war, eine Dichtung und zwar in epischer Form zu schreiben. Was damals mit starkem Anlauf begonnen wurde, ließ ich aber durch verschiedene andere Arbeiten abgehalten unvollendet liegen. Das Werk aber, dem ich nach dem darin behandelten Gegenstand den Titel »Africa« gab, wurde gleichwohl – ich weiß nicht, war es sein oder mein Glück – von vielen geliebt, noch ehe es bekannt war.

Während ich in Vaucluse weilte, erhielt ich merkwürdigerweise an einem und demselben Tage zwei Briefe, vom Senat der Stadt Rom und vom Kanzler der Universität zu Paris, die mich beide nach Rom beziehungsweise nach Paris zum Empfang des Dichterlorbeers einluden. Darüber freute ich mich in jugendlicher Ruhmsucht und hielt mich selbst für würdig, wessen mich solche Leute für würdig erachteten, indem ich nicht mein Verdienst, sondern das Zeugnis anderer erwog: Doch schwankte ich, welcher Einladung ich folgen sollte, und erbat mir darüber brieflich den Rat des oben genannten Kardinals Giovanni Colonna. Dieser wohnte so nahe, daß ich, als ich ihm spät abends schrieb, schon am andern Tage noch vor 9 Uhr morgens seine Antwort erhielt. Seinem Rate folgend beschloß ich Rom seines alten Ansehens wegen den Vorzug zu geben, und in zwei Briefen, die ich noch aufbewahre, teilte ich ihm meine Zustimmung zu seinem Rate mit.

So ging ich also; obwohl ich aber nach Art junger Leute der allermildeste Richter über meine eigenen Werke war, wagte ich es doch nicht, meinem Urteil und dem Urteil derer, die mich gerufen hatten und die dies nicht getan hätten, wenn sie mich nicht dieser Ehre für würdig erachteten, zu folgen. Darum beschloß ich, zuerst nach Neapel zu gehen zu jenem großen Könige und Philosophen Robert, der als Gelehrter so berühmt ist wie als Regent und der als einziger Fürst unserer Zeit zugleich auch Freund der Wissenschaft und Tugend ist, damit dieser über mich seine Ansicht äußere. Wie ich von diesem beurteilt und wie ich von ihm aufgenommen wurde, darüber wundere ich mich noch jetzt und auch du, mein Leser, wenn du es hörst, wirst dich, glaube ich, wundern. Denn als er vom Zwecke meines Kommens hörte, wurde er freudigst erregt, vielleicht im Gedanken an mein jugendliches Vertrauen auf sein Urteil, vielleicht auch im Gedanken daran, daß die Ehre, die ich erlangen sollte, auch zu seinem Ruhme beitragen werde, da ich ja ihn allein aus allen Sterblichen als den geeigneten Richter erwählte. Was weiter geschah? Wir wechselten viele Worte über die verschiedensten Dinge und ich zeigte ihm meine Africa, die ihm so sehr gefiel, daß er sich die Widmung des Werkes als ein großes Geschenk erbat, was ich weder abschlagen konnte noch wollte. Dann endlich setzte er betreffs dessen, weswegen ich gekommen war, einen Tag fest, an dem er mich dann vom Mittag bis zum Abend prüfte; und da für die Fülle des Stoffes diese Zeit als zu kurz erschien, setzte er die Prüfung an den beiden nächstfolgenden Tagen fort. Und als er meine Unwissenheit 3 Tage lang genau geprüft hatte, erklärte er mich am dritten Tage des Lorbeers für würdig. Er bot mir denselben in Neapel an und drang mit vielen Bitten in mich, ihm zuzustimmen. Aber es siegte die Liebe zu Rom auch über das verehrungsvolle Drängen eines solchen Königs. Als er daher meinen unbeugsamen Entschluß sah, sandte er Boten und Briefe an den römischen Senat und ließ diesem sein günstiges Urteil über mich mitteilen. Dieses Urteil des Königs stimmte damals mit dem Urteil vieler, besonders mit meinem eigenen überein. Heute billige ich weder mein Urteil, noch das seinige, noch das aller derer, die damit einverstanden waren. Denn mehr vermochte bei ihm die Liebe zu mir und das günstige Urteil der Zeitgenossen als die reine Liebe zur Wahrheit. So ging ich also trotz meiner Unwürdigkeit, aber voll Vertrauen auf das Urteil des Königs nach Rom und erhielt dort unter dem großen Jubel der Römer, die dieser Feierlichkeit beiwohnen konnten, den Dichterlorbeer – noch ein unfertiger Schüler! Ich habe darüber in dichterischer Form wie in Prosa mehrere Briefe geschrieben, die ich noch besitze. Dem Lorbeer selbst verdanke ich nichts an Wissen, wohl aber viel an Neid und Anfeindung. Aber auch diese Geschichte würde zu lange, als daß sie hier Platz finden könnte.

Von Rom reiste ich nach Parma und lebte dort eine Zeitlang bei den Herren von Correggio, die gegen mich sehr freigebig und liebevoll waren, sich untereinander aber nicht vertrugen. Diese regierten damals in Parma auf eine Weise, wie es diese Stadt seit Menschengedenken nicht erlebt hat noch auch in unseren Tagen, wie ich glaube, ferner erleben wird. Ich lebte dort stets eingedenk der erhaltenen Auszeichnung und besorgt, es möchte den Anschein erwecken, als sei sie einem Unwürdigen verliehen worden. Da stieg ich eines Tages in die Berge und kam über die Enz in die Gegend von Reggio nach Selvapiana und dort kam mir, ergriffen vom Anblick der Landschaft, plötzlich der Gedanke die unterbrochene »Africa« fortzusetzen. Und als die Glut des Geistes, die schon erloschen schien, wieder aufflammte, schrieb ich an diesem Tage eine Anzahl Verse und ebenso an den folgenden Tagen, bis ich nach Parma zurückkam und dort ein abgelegenes, ruhiges Haus fand, das ich mir später kaufte und das mir noch heute gehört; und dort führte ich mit solchem Eifer und in so kurzer Zeit jenes Werk zu Ende, daß ich noch jetzt darüber staune.

Nachdem ich längere Zeit in Parma und Verona geblieben und überall – Gott sei es gedankt – wohl gelitten war, viel mehr als ich es verdiente, kehrte ich wieder, als ich schon das 40. Lebensjahr vollendet hatte, nach Südfrankreich in meine Einsiedelei an der Sorgue zurück.

Nach einigen Jahren erlangte ich dann durch die Verbreitung meines Ruhmes das Wohlwollen des Herrn Giacomo de Carrara des Jüngeren, eines vorzüglichen Mannes, dem aus der Zahl der Fürsten seiner Zeit vielleicht kaum einer gleichkam, oder vielmehr sicher keiner gleichkam. Dieser verfolgte mich durch Boten und Briefe über die Alpen, als ich mich dort befand, und dann auf meiner nächsten Reise durch ganz Italien, wo ich gerade war, und ermüdete mich durch viele Jahre hindurch mit inständigen Bitten um meine Freundschaft, so daß ich mich, obwohl ich von Glücklichen nichts hoffte, endlich entschloß, ihn zu besuchen und zu sehen, was dieses Drängen eines großen unbekannten Mannes zu bedeuten habe. So kam ich, spät freilich, nach Padua, wo ich von diesem Manne rühmlichsten Andenkens nicht wie ein Mensch, sondern so wie die seligen Geister im Himmel, aufgenommen wurde, mit solcher Freude, solch unschätzbarer Liebe und Güte, daß ich sie mit Schweigen übergehen muß, da ich doch nicht hoffen darf, sie mit Worten schildern zu können. Da er wußte, daß ich von früher Jugend an das Leben eines Geistlichen geführt hatte, ließ er mich unter Anderem, um mich dadurch nicht bloß ihm, sondern auch seiner Vaterstadt enger zu verbinden, zum Kanonikus in Padua ernennen; und wäre er länger am Leben geblieben, so hätte er vielleicht schließlich allen meinen Irrfahrten und Reisen ein Ende gemacht. Doch ach! nichts bei den Sterblichen währet lange, und wenn etwas Süßes sich ereignet hat, so findet es bald ein bitteres Ende. Als Gott ihn nicht ganz zwei Jahre mir, dem Vaterland und der Welt gelassen hatte, nahm er ihn hinweg, ihn, dessen weder ich, noch das Vaterland, noch die Welt – es täuscht mich nicht die Liebe – würdig waren. Und wenn ihm auch sein Sohn folgte, ein höchst kluger und berühmter Mann, der in des Vaters Fußtapfen tretend mich immer lieb und wert hielt, so kehrte ich doch, als ich jenen verlor, mit dem ich wegen des gleichen Lebensalters besonders harmoniert hatte, wieder nach Frankreich zurück, ohne zu wissen, wo ich bleiben sollte; nicht so sehr aus dem Wunsch, das tausendmal Gesehene wieder zu sehen, als vielmehr um nach Art der Kranken durch Ortsveränderung den Lebensüberdruß zu heilen...

GEDICHTE

Aus den poetischen Briefen

Du fragst mich, was ich treibe? – Was die Menschheit
Fortwährend treibt. – Was ich begehre? – Ruhe. –
Was ich erhoffe? – Keine Ruh'. – Wohin
Ich ziehe? – Hin und her. – Nach welchem Ziele? –
Ich eile gradeswegs geschwind zum Tode. –
Mit welchem Herzen? – Das kein Zagen kennt,
Entschlossen aus des Kerkers Nacht zu scheiden. –
Wer mich begleite? – Was auf Erden sterblich. –
Mein Ziel? – Das Grab. – Und was danach? – Der Himmel
Und, wird mir der versagt, vielleicht die Hölle.
(Doch diese Strafe, Gott, erlaß mir Armen!)
Wo jetzt ich bin? – In Parma. – Wo beschäftigt? –
In meinem Gärtchen, auch im Tempel, doch
Nicht selten lockt's mich in den Wald hinaus. –
Mein Leben? – Das gewohnte, mag Fortuna
Mir gnädig gleich die beiden Hände reichen
Und mir den Platz in ihrem Schoße bieten. –
Mein Antlitz? – Wenig heiter. – Und im Herzen
Welch großes Werk? – Mein Epos Africa. –
Der Lohn des heißen Strebens? – Eitler Ruhm,
Denn echten Ruhm verdient allein die Tugend. –

Aus dem Canzoniere

Von euch, die meine Herzensseufzer hören,
Wie sie durch manche Reimerei verstreut,
Als ich in vielem anders war als heut,
In meiner Jugend irrendem Betören,

Bei dem Bemühn, mit Tränen zu erklären
Den eitlen Schmerz, der Hoffnung Eitelkeit,
Wird, hoff' ich, wer erprobt der Liebe Leid,
Wenn nicht verzeihn, doch Mitleid mir gewähren.

Wohl seh ich nun, wie sie im ganzen Lande
Auf falsche Kunde hin schon lang mich nennen,
Und voll Beschämung acht ich selbst mich kaum:
All jener Schwärmereien Frucht ist Schande
Und bittre Reu und deutliches Erkennen,
Daß, was die Welt entzückt, ein kurzer Traum.

*

Es gibt Geschöpfe, die der Sonne Pracht
Mit ihrem stolzen Blick ertragen können,
Vom Lichtschein müssen sich die andern trennen
Und ziehn aus ihrem Dunkel erst bei Nacht.

In andern ist der tolle Wunsch erwacht
Nach Feuer, das sie nur vom Scheine kennen
Und seine Macht erst spüren im Verbrennen:
Ach, ganz wie diese hab ich's auch gemacht.

Ich kann nicht meiner schwachen Kraft vertrauen
Im hellen Glanze dieser Frau, und nicht
Im Dunkeln fand ich Schutz, das birgt und trennt.
Mit tränenfeuchtem matten Augenlicht

Führt mein Geschick mich stets sie anzuschauen,
Und ich begehr', ich weiß, was mich verbrennt.

*

Ich wandle langsam durch die öde Flur,
Nachdenklich einsam such' ich zu erkennen,
Wie mich am sichersten die Schritte trennen
Von jedes Menschenfußes letzter Spur.

Auf diesem einz'gen Weg entschlüpf' ich nur
Der Leute allzu deutlichem Erkennen,
Weil jeder sonst mein innerliches Brennen
Aus dem erstorbnen Lächeln schon erfuhr.

So, mein' ich, kennen Wälder, Fluß, Gefild
Und Berg mein Leben nun und seinen Gram,
Bleibt's auch Geheimnis noch vor allen andern.
Doch war noch nie ein Pfad so rauh und wild,
Daß unvermerkt nicht Amor zu mir kam
Und in Gesprächen wir vereinigt wandern.

*

Mehr war, der Diana liebte, nicht entzückt,
Da er sie einst, ohn' jegliches Gewand,
Inmitten kühlen Flutenbads erblickt,
Als ich, da ich die braune Hirtin fand,
Wie sie den leichten, duft'gen Schleier spülte,
Der sonst im Winde blondes Haar umwand.
Er machte, daß, trotz heißem Sonnenbrand,
Ein Liebesschauer mir die Glieder kühlte.

*

Als meine Farbe heut euch so erschien,
Daß ihr schon an den Tod habt denken müssen,
Ergriff euch Mitleid, und das holde Grüßen
Ließ noch das Leben nicht aus mir entfliehn.

Dies schwache Leben, das mir noch geblieben,
War einzig eurer schönen Augen Gabe
Und eurer Stimme, süß wie Engelsang.
Aus ihr erkenn' ich, was ich bin und habe;

Und gleich dem Tier, durch Schläge angetrieben,
Ward meine Seele wach, die müd' und krank.
Die beiden Schlüssel – und das sei euch Dank –
Von meinem Herzen sind in euren Händen;
Ich weiß mich nun mit jedem Wind zu wenden,
Und was ihr gebt, ist lieblicher Gewinn.

★

Die goldnen Haare flatterten im Wind,
Der sie in Ringeln hin und wider wandte,
In ungewöhnlich schönem Glanze brannte
Der Augen Licht, die nun so trübe sind.

Innig Empfinden färbte warm und lind
Ihr Antlitz, wie ich richtig wohl erkannte,
Was Wunder, der ich lieberfüllt mich nannte,
Wenn mir das Herz zu brennen gleich beginnt.

Nicht wie die Menschen schreitet sie einher,
Nein, Engeln gleich, und ihrer Worte Laut
Erklingt auch anders wie aus Menschenmunde.
Ein himmlisch Wesen hab' ich da geschaut
Gleich einer Sonne; ist sie's nun nicht mehr,
Heilt auch bei schlaffer Sehne nicht die Wunde.

★

Sennuccio, wisse nun, in welcher Art
Man mich behandelt, wie mein ganzes Leben.
Ich brenn' und schmachte, was sich auch begeben;
In Lauras Macht steht, was ich war und ward.

Bald seh' ich sie voll Stolz, bald mild und zart,
Bald streng, bald sanft, bald grausam, fromm daneben,
Bald hat sittsame Anmut sie umgeben,
Bald ist sie weich, bald wieder wild und hart.

Hier sang sie lieblich, und hier saß sie nieder,
Hier wandte sie den Schritt, hier hielt sie an,
Hier war's, wo mir ins Herz die Blicke drangen,
Hier sprach sie, und hier lächelte sie wieder,
Hier war sie traurig. Ach, in solchem Bann
Hält Amor mich bei Tag und Nacht gefangen.

       *

Ein Weib, das schöner als die Sonne war,
Noch leuchtender und ihr an Alter gleich,
An hohen Reizen reich,
Hat mich noch jung für seine Schar erlesen.
In Tat und Worten, in Gedanken war
(Nicht viele sind auf Erden diesen gleich)
In jeglichem Bereich
Mir stets voran das schöne, stolze Wesen;
Durch sie nur blieb ich nicht, was ich gewesen,
Der ihre Augen in der Näh' ertrug;
Ihr dank' ich's, daß zum Flug
Ich mich empor, zum frühgewagten, schwang.
Und komm' ich nun in den ersehnten Hafen,
Leb' ich durch sie noch lang,
Sollt ich für andre schon als Toter schlafen.

So führte diese Frau mich lange Zeit,
Mich, der ich ganz in Jugendlust entbrannt,
Und, wie ich jetzt erkannt,
Um ihr von meiner Kraft Beweis zu geben,
Wies sie mir nur den Schleier, nur das Kleid,
Verborgen das Gesicht und abgewandt.
Ich, in dem Wahn, gekannt
Hätt' ich sie ganz, schritt froh durchs junge Leben:
Noch jetzt kann mir Erinnrung Lehren geben.
Als ich dann besser noch ins Weite sah,
Sah ich, daß sie erst da
Sich, wie's noch nie geschehn war, mir enthüllt.
Da fühlte ich mein Herz zu Eis erkalten,
Was heut und immer gilt,
Bis sie mich wird in ihren Armen halten.

Doch lähmten Frost und Furcht mich nicht genug,
Daß ich mir selbst nicht neue Kühnheit lieh;
Ich sank vor ihre Knie,
Auf daß noch mildre Blicke mich erfreuten.
Und sie, die schon zurück den Schleier schlug,
Begann zu mir: – Mein Freund, nun schau doch, wie
Ich herrlich bin, und sieh,
Daß man, was dir gebührt, dir mag bereiten.
– Madonna, – sprach ich – Euch war schon vor Zeiten
Mein Herz geweiht, heut fühl' ich, wie es brennt,
Und meine Seele kennt
Ein andres Wollen oder Wünschen nicht. –
Da sprach sie in so wunderbaren Tönen
Und einem Angesicht,
Daß mir's für ewig bleibt in Furcht und Sehnen:

– Nur selten war's, wenn man an meinen Wert
Auch in der großen Menge oft gedacht,
Daß sich einmal entfacht

Ein Fünklein in der Brust – von kurzem Leben.
Denn meine Feindin, die das Gute stört,
Sie löscht es schnell, die Tugend sinkt in Nacht,
Und eines andern Macht
Verheißt bequemes, ruhigeres Leben;
Amor, der dich erweckt zum ersten Streben,
Berichtet Wahres, und nun seh ich klar:
Dein Wunsch zeigt offenbar
Dich würdig für so hohen Zieles Preis.
Und daß du meiner seltnen Freunde einer,
Sei eine Frau Beweis,
Die deine Augen froher macht und reiner. –
Fast rief ich schon, daß dies unmöglich sei;
Doch sie: – Jetzt schau, – (da hab' ich aufgeblickt)
Zu höherm Ort entrückt,
Ein Weib, das sich von wen'gen ließ erkennen. –
Die Stirne senkt' ich da mit frommer Scheu,
Erglühend und im Innersten entzückt.
Und sie, die mich mit Lächeln angeblickt:
– Wohl kann ich, wo dein Sinn geweilt, erkennen,
Denn wie, wo hell der Sonne Strahlen brennen,
Ein jeder andre Stern am Himmel schwand,
Hält nicht mein Anblick stand,
Der minder schön vor jenem Glanz erblich.
Doch laß ich mit den Meinen dich zusammen,
Da wir geschwisterlich,
Sie mir voran, einer Geburt entstammen. –

Nun löste sich die Fessel jener Scham,
Drin meine Zunge noch gefesselt lag,
Seitdem beschämt der Schlag
Mich des Erkennens traf, daß sie's erkannte.
Und ich begann: – Ist's wahr, was ich vernahm,
Dann sei dem Vater Heil und Heil dem Tag,
Seit schön die Welt vermag

Durch Euch zu sein und seit ich für Euch brannte.
Und wenn ich je vom rechten Weg mich wandte,
Ist meine Reu' noch tiefer als ihr Schein.
O könnt' ich würdig sein
Mehr zu erfahren, so versagt mir's nicht! –
Nachdenklich war die Antwort, und sie blickte
So fest mir ins Gesicht,
Daß tief ins Herz sie Aug' und Worte schickte.
– Wie unser ew'ger Vater es gewollt,
Gab die Geburt uns schon Unsterblichkeit;
Euch ist's nicht lieb noch leid,
Elende! Besser wohl, wenn wir nicht wären!
Nicht allzulang geliebt und schön und hold
Sind wir gewesen, und jetzt schon so weit,
Daß jene flugbereit
Sich hebt, zur alten Freistatt heimzukehren;
Ich bin nur Schatten; um dich zu belehren,
Genüge, was man schnell begreifen kann. –
Den Fuß erhob sie dann
Und sprach: – Daß ich forteile, fürchte nicht. –
Als sie ein grünes Lorbeerreis gefunden,
Das sie zum Kranze flicht,
Hat sie mir's um die Schläfe rings gewunden.

Kanzone, wenn dein Inhalt dunkel scheint,
So sprich: Ich sorge nicht und möchte hoffen,
Daß man die Wahrheit offen
Durch beßre Botschaft bald verkünden hört.
Nur als ein Weckruf kam ich für die andern,
Wenn mich nicht gar betört,
Der's mir befahl, als ich begann zu wandern.

★

Was drinnen bohrt und glüht,
Verzehrt und nimmer weicht,
Könnt' ich sein Kleid im gleichen Tone machen!
Die mich entzündend flieht,
Erwärmte es vielleicht,
Und wo jetzt Amor schlummert, würd' er wachen.
Die müden Füße machen
Dann nicht den Weg allein
Durch Berge, Wald und Flur,
Es schwand die Tränenspur;
Wär' sie entbrannt und nicht mehr Eis und Stein,
Blieb nichts an mir, das Gluten
Nicht flammend heiß durchfluten.

Da Amor mich bezwingt,
Mein Können ihm zum Raub,
Red' ich mit rauhem Reim bar alles Süßen.
Doch durch die Rede bringt
Kein Zweig in Blüt' und Laub
Nach außen, was dem Innern soll entsprießen.
Ins Herz zu schaun, entschließen
Mag sich das Augenpaar,
In dessen Schein sich's ruht;
Doch strömt die Tränenflut,
Und wird zur Klage, was erst Kummer war,
So kann ich eignes Leiden
Vor andern schlecht verkleiden.

O Reime voller Zier,
Beim ersten Sturmeslauf
Amors gebraucht, da andre Wehr noch fehlte,
Wer kommt und spaltet mir
Mein hartes Herz jetzt auf,
Daß ich wie sonst ausströme, was mich quälte?
Ich meine, drin erzählte

Von ihr mir jemand, der
Die Herrin ewig malt' ohn' auszuruhn;
Will ich das gleiche tun,
Vergeh' ich fast, da's meiner Kunst zu schwer.
Ach, so ist mir entschwunden,
Worin ich Trost gefunden! –

So wie dem Kindlein schwer
Sich noch die Zunge regt,
Ihm Sprechen Mühe macht und Stillsein Leiden,
So bettl' ich um Gehör,
Vom Redetrieb bewegt,
Bei meiner süßen Feindin noch vorm Scheiden.
Wenn ihr statt andrer Freuden
Ihr schön Gesicht genügt
Und alles sonst nur Tand –
Hör's, grüner Uferrand,
Gib, daß mein Seufzen so ins Weite fliegt,
Daß viele noch erfahren,
Wie wir einst Freunde waren.

Nie hat ein schönrer Fuß
Die Erde je berührt
Als der – du weißt es wohl –, den du getragen,
Und wiederkehren muß
Das müde Herz, geführt
Vom wehen Leib, Geheimstes dir zu sagen.
Ach, läg' auf dir verstreut
Doch noch manch schön Gewand
Hier zwischen Gras und Blüt',
Daß mein verstört Gemüt
Doch weinend wüßte, wo es Ruhe fand!
Nun sucht an rastlos Sehnen
Das Herz sich zu gewöhnen.

Wohin das Auge schaut,
Entdeck' ich Liebes, und:
– Dies traf ihr schöner Blick! – sagt all mein Denken.
Und pflück' ich Blum' und Kraut,
Denk' ich: Dies wuchs im Grund,
Auf den sie gerne pflegt den Schritt zu lenken.
Wo sich die Ufer senken
Zum Strom, am grünen Rain
Saß sie in all dem Blühn;
So kann mir nichts entfliehn,
Und mehr Gewißheit wäre größre Pein.
Woher nur mag dein Walten
Rings alles umgestalten?

O du mein armes Lied, wie bist du rauh!
Wirst, da du's wohl magst wissen,
Im Walde bleiben müssen.

      ★

O klare, kühle, sanftbewegte Flut,
Wo ihre schönen Glieder
Geruht der Frauen einz'ge mir vor allen,
O Zweig, der ihr so gut –
Tief seufzend denk' ich's wieder –
Als Halt für ihren schönen Leib gefallen,
Du Gras und Blüt', euch allen,
Drauf sich ihr Kleid gebreitet
Mit seinem lichten Saum,
O Luft im heil'gen Raum,
Wo schöner Augen Glanz mein Herz geweitet –
Laßt euch gemeinsam sagen
Die letzte meiner trauervollen Klagen.
Und soll's mein Schicksal sein,
Ist es des Himmels Willen,
Daß sich mein Auge schließt durch Amors Hände,

Dann möge mein Gebein
Man gnädig hier umhüllen,
Daß sich von euch die Seele heimwärts wende.
Viel sanfter wär' mein Ende,
Trüg' mich ein solches Hoffen
Noch bis zum düstern Ort;
Nie stünde beßrer Port
Als Ruhestatt dem müden Geiste offen,
Noch könnt' in stillern Gründen
Er von des Körpers Mühe Friede finden.

Einst wird's vielleicht geschehn,
Daß auf gewohnten Wegen
Das schöne Wesen wieder sich ergangen,
Und, wo sie mich gesehn
An jenem Tag voll Segen,
Froh nach mir schaut mit freundlichem Verlangen.
Und säh' sie, ach, voll Bangen
Schon unter Steinen Erde,
Dann seufzte sie so mild,
So ganz von Lieb' erfüllt,
Daß mir durch sie dort oben Gnade werde,
Gebeugt des Himmels Walten,
Wenn sie ans Auge drückt des Schleiers Falten.

Aus schönen Zweigen sank –
Voll Wonne denk' ich's immer –
Auf ihren Schoß ein voller Blütenregen,
Sie saß in stillem Dank
In all dem Glorienschimmer,
Ganz überdeckt vom liebereichen Segen.
Ein Blütchen will sich legen
Auf ihren Saum, die andern
Aufs Haargeflecht, das hold
Wie Perlen schien und Gold;

Eins ruht, auf Wellen wandern
Will dies, im wirren Kreise
Sagt jenes schwebend: – Das ist Amors Weise. –
Wie rief zu jener Zeit
Ich dann voll Schreck und Zagen:
O, jene ist im Paradies geboren! –
So in Vergessenheit
War ich durch solch Betragen,
Durch Antlitz, Sprache, Lächeln schon verloren,
So fern lag Aug' und Ohren,
Was dort mich rings umgeben,
Daß ich tief seufzend sann:
Wie kam ich her und wann?
Denn Himmelsdasein schien's, kein Erdenleben.
Nur hier in diesen Gründen
Kann ich seitdem, sonst nirgends, Ruhe finden.

Wärst du, mein Lied, voll Schmuck, wie du gewollt,
Du könntest ohne Zagen
Dich aus dem Wald zu allen Menschen wagen.

*

Mein Italien, heilt auch deiner Wunden
Tödlich schweres Fieber
In dem schönen Leibe nicht mein Wort,
Haben durch mein Lied nun Arno, Tiber
Doch Gehör gefunden,
Und der Po; voll Trübsal sitz ich dort.
Herr, du, unser Hort,
Schenke, fleh' ich, deinem teuern Lande
Mitleid, das dich einst der Erde lieh.
Edler Herr, o sieh,
Wie aus kleiner Ursach' Krieg und Schande!
Wo in rauhe Bande
Mars die Herzen zwingt,

Mildre, Vater, du, erlös' und wehre,
Schaff', daß es gelingt,
Daß durch mich man deine Wahrheit höre.

Wollt' das Glück euch schöner Länder Zügel
In die Hände legen,
Deren ihr nicht mehr erbarmend denkt,
Was denn schaffen hier die fremden Degen?
Warum grüne Hügel
Ringsum mit Barbarenblut getränkt?
Wahn ist's, der euch lenkt;
Wenig schauend meint ihr klar zu blicken,
Wenn ihr Treue sucht für schnödes Gold:
Größre Schar im Sold
Wird mit größrer Feindschaft euch umstricken.
Welche Fluten schicken
Sie hinab aus ödem Hügelland,
Unsre schöne Flur zu überschwemmen!
Was durch eigne Hand
Erst geschehn, wer mag es jetzt noch hemmen?

Gut hat's die Natur für uns ersonnen,
Als sie Alpenketten
Zwischen uns und deutschen Grimm gebaut;
Aber blinde Gier, zum Trotz den Besten,
Hat's gar schlimm begonnen,
Schuf gesundem Leib nun sieche Haut.
In der Hürde, schaut,
Zahmer Herden treibt ihr grausam Wesen
Wilde Brut, daß Schwachheit leiden muß,
Und zum Überfluß
Ist ihr Stamm noch jenes Volk gewesen,
Dem einst, wie wir lesen,
Marius' Schwert so in die Seite fuhr,
Daß noch nicht die Mär davon versunken,

Wie der Durst'ge nur
Blut statt Wasser aus dem Fluß getrunken.

Selbst von Cäsar schweig' ich, der die Lande
Rings aus Feindes Adern
Einst durch unsern Stahl mit Blut betaut.
Doch der Himmel scheint mit uns zu hadern,
Der sich von uns wandte:
E u e r Werk, auf die man viel gebaut!
Euer Zwist, o schaut,
Trifft zerstörend schönste Erdenbreiten.
Wes die Schuld und wessen der Beschluß,
Nachbarn zum Verdruß,
Nach geringen Gütern, nach zerstreuten
Trachten, fremden Leuten
Willig blut'gen Lohn
Zahlen, die die Seel' zu Markte tragen?
Nicht aus Haß und Hohn
Sprech' ich, nur die Wahrheit will ich sagen.

Wollt ihr noch nicht Bayerntrug begreifen,
Die den Finger heben,
Eitel Spott zu treiben mit dem Tod,
Daß wir mehr als Unheil Schmach erleben?
Schlimmre Saat wird reifen,
Weil noch andrer Grimm euch blutig droht.
Eurer eignen Not
Denkt ihr stetig – wie euch weiß zu schätzen,
Wer sich selbst erniedrigt, merkt's euch gut!
O Lateinerblut,
Wirf die Bürden ab, die dich verletzen,
Gib nicht, gleich den Götzen,
Hohlem Namen Ehr:
Daß an Witz uns nord'sche Wut besiegen
Kann, ein störrig Heer –
Unsre Schuld ist's, kein natürlich Fügen.

Ist's das Land nicht meiner ersten Schritte,
Nicht das Nest, das traute,
Wo ich erste süße Nahrung fand?
Ist's die Heimat nicht, auf die ich baute,
Mütterlich voll Güte,
Deren Boden beide Eltern deckt!
Dies, bei Gott, erweckt
Euren Sinn vielleicht, der tränenreichen
Qual des Volks seht ihr nicht müßig zu,
Das von euch nur Ruh'
Hofft, nächst Gott. Schon durch ein Mitleidzeichen
Könntet ihr's erreichen:
Tatkraft gegen Wut
Greift alsdann zur Wehr, kurz wird gerungen,
Denn der alte Mut
Der Lateiner ist noch nicht bezwungen.
Herr, bedenkt, wie schnell die Stunde gleitet,
Wie das kurze Leben
Flieht und man den Tod im Nacken hat;
Noch verweilt ihr, denkt ans Weiterschweben!
Nackt und ungeleitet
Kommt die Seele an den fremden Pfad.
Hier auf Erden hat
Jeder Haß und Rachsucht abzulegen:
Heitrer Lebensbahn ein böser Wind.
Wer Verderben sinnt
Gegen Brüder, mag auf bessern Wegen
Kopf und Hände regen,
Auf gepriesne Art
Edles Wissen zu erringen hoffen:
Frohe Lebensfahrt
Gäb' es, und den Weg zum Himmel offen.

Gib wohl acht, Kanzone,
Deine Meinung höflich vorzutragen,
Denn zu stolzen Leuten geht die Fahrt,
Deren Sinn und Art
Voll ist schlechten Brauchs aus alten Tagen:
Wahres nie zu sagen.
Wende dich zuvor
An die Edlen, bösen Treibens müde,
Sprich: Wer leiht sein Ohr?
Rufen will ich: Friede, Friede, Friede.

     ★

Gedanken an Gedanken, Höhn an Höhn
Reiht Amors Führung; auf betretnen Pfaden
Gibt's für mein stilles Dasein keine Ruh.
Doch wo Fluß oder Bach mich einsam sehn,
Wo zwischen Hügeln schatt'ge Täler laden,
Da findet die verstörte Seele Ruh',
Und winkt ihr Amor zu,
So wechseln Lachen, Weinen, Furcht und Freud'.
Getreulich bleibt das Antlitz ihr Begleiter,
Verdüstert bald, bald heiter,
Doch keins währt lang; es spräche wohl zur Zeit
Ein Wohlerfahrner, wenn er solches säh':
Der brennt und weiß nicht, ob ihm wohl, ob weh! –

Hoch im Gebirg' im düstern Wald umweht
Mich Friedenslust, fern von bewohnten Zielen,
Die alle tödlich meinem Blick verhaßt.
Ein neues Bild auf jedem Schritt entsteht
Von meiner Herrin, das in heitres Spielen
Oft jene Qual verkehrt, die mich erfaßt.
Nicht ändern möcht' ich fast
Dies Leben so voll bittersüßer Pein.
– Denn, – sag ich, – Amor könnte beßre Zeiten

Dereinst mir noch bereiten:
Dir wertlos magst du wert der andern sein! –
Bei solchem Grübeln seufzend sag' ich dann:
Ach, könnt es möglich sein? Und wie? Und wann?

Im Tannenschatten und am Bergeshang
Verweil' ich oft und male in Gedanken
Dort auf den Fels ihr schönes Antlitz hin.
Kehr' ich zu mir zurück, so wird mir bang
Vor eignen Tränen und: – O wieviel Schranken –
Ruf ich – bis dort, und wo gerätst du hin? –
Doch da lebend'gen Sinn
Noch jenes Denken meiner Sehnsucht gibt,
Ich sie noch sehn kann und mich selbst vergessen,
Fühl' Amor ich indessen
So nah, daß mich der Irrtum nicht betrübt.
Nun sie so oft, so reizend vor mir steht,
Preis' ich die Täuschung – wenn sie nicht vergeht. –

Oft sah ich sie (wer traut noch meinem Wort?)
Im klaren Wasser, über grüner Wiese
Lebendig und statt Baum im Buchenhain,
In weißer Wolke; Leda sagte dort,
Wenn man dagegen ihre Tochter priese:
Die wäre hier ein Stern bei Sonnenschein.
Je wilder das Gestein,
Die finstre Schlucht, je öder das Gestad',
Je schöner malt sie mir mein waches Träumen.
Kommt Wahrheit fortzuräumen
Den süßen Irrtum, sitz' ich kalt und matt
Wie toter Fels, im Leben schon versteint:
Ein Menschenbild, das sinnt und schreibt und weint.

Wohin kein Schatten andrer Berge steigt,
Zum Gipfeljoch, dem allerhöchsten, freien,

Zieht unbezwinglich Sehnen mich hinan.
Dort seh' ich erst, wie weit die Ferne reicht,
Und suche weinend Nebel zu zerstreuen,
Damit mein Herz noch freier schlagen kann.
Bedenk' und schau' ich dann,
Wie fern dies schöne Antlitz und wie nah,
Und durch wie weite Luft zu ihm die Reise,
Frag' ich mich leise, leise:
– Was tust du Armer? Hat man nicht auch da
Vielleicht geseufzt, daß groß die Trennung sei?
Und solches denkend atm' ich wieder frei.

Jenseits der Alpenkette,
Kanzone, wo so licht der Himmelsraum,
Wirst du am raschen Bach mich wiedersehn,
Wo man ein luftig Wehn
Fühlt unter frischem, würz'gem Lorbeerbaum:
Dort ist mein Herz und die es mir entwunden,
Dort wird allein mein wahres Bild gefunden.

    ★

Wenn Zweige rauschen und die Vögel singen
Und weiche Sommerluft weht übers Land,
Wo murmelnd froh die lichten Wellen springen,
Sitz' ich am blumenreichen Uferrand

Und sinn', und Liebeslieder schreibt die Hand.
Da seh' und hör' ich ihre Worte klingen,
Der Gottgesandten, jetzt in Erd' und Sand,
Und fernher meinen Seufzern Antwort bringen:
– Warum verzehrt dich vor der Zeit die Klage? –
Spricht sie voll Mitleid: – und warum vergossen
Die Tränen sich in ungehemmtem Lauf?
Wein' nicht um mich, es wurden meine Tage

Im Tod erneut; als sich die Augen schlossen,
Schlug ich im ew'gen Licht sie wieder auf. –

★

Beglückte Seele, die in trüber Nacht
Oft mich zu trösten kommt in bangen Stunden,
Mit Augen, deren Glanz noch nicht geschwunden,
Nur über alles Irdische entfacht.

Wie hast du dankbar fröhlich mich gemacht,
Daß du in trüber Zeit dich eingefunden!
Wie einst, an alten lieben Ort gebunden,
Wird mir dein Reiz von neuem nah gebracht.

Dort ging ich manches Jahr, vor dir zu singen,
Jetzt geh' ich, wie du siehst, umher und weine,
Doch nicht um dich, nein, um mein eignes Leid.
Nur eins kann meinen Gram zur Ruhe bringen,
Daß, kommst du, ich dich kenne, dich, die Eine:
An Gang und Stimme, am Gesicht, am Kleid.

★

Wenn meine treue Trostesbringerin,
Auf daß sie mir, dem Müden, Ruh' bereite,
Sich setzt auf meines Bettes linke Seite
Und spricht mit ihrem milden klugen Sinn,
Dann sag' ich, der ich blaß vor Schrecken bin:
– Wie kamst du, sel'ger Geist, von welchem Lande? –
Nun löst sie vom Gewande
Ein Palmenreis und eins vom Lorbeerbaum
Und spricht: – Aus lichtem Raum
Des Empyreum senkt' ich meine Schwingen,
Den heil'gen Aun, nur um dir Trost zu bringen. –

Voll Dank nun in Gebärde und im Wort
Frag' ich sie demutsvoll: – Woher dein Wissen
Um meinen Zustand? – Sie: – Aus Tränengüssen,
Die endlos dir entströmen fort und fort;
Es steigen Seufzer auf zum fernsten Ort,
Durch alle Himmel, trüben meinen Frieden.
Daß ich nun abgeschieden
Von aller Erdennot zu besserm Sein,
Das macht dir solche Pein?
Wenn du mich liebst, wie Blick und Wort verkünden,
So müßtest du nur Freude drob empfinden.

Und ich: – Mir selbst nur gilt mein Klagelied,
Der ich in Qualen muß und Dunkel liegen,
Gewiß, daß du zum Himmel aufgestiegen,
So deutlich, wie man nahe Dinge sieht.
Wie würden auch ein jugendlich Gemüt
Natur und Gott so reich gestaltet haben
Mit auserlesnen Gaben,
Wenn ew'ges Heil dir nicht Bestimmung war?
Du, aus der seltnen Schar
Der Seelen, die voll Hoheit mit uns lebte
Und dann nur allzufrüh gen Himmel schwebte!

Doch ich, was soll ich, der nur weinen kann,
Elend und ohne dich in nichts genüge?
Ach, wär ich nur gestorben in der Wiege,
Empfände nichts von solchem Liebesbann!
Und sie: – Was ficht dich Gram und Unrast an?
Weit besser wär's, du regtest deine Schwinge
Und wägtest Erdendinge,
All deine trügerische Tändelei
Gewissenhaft und treu:
Du folgtest, wenn die wahre Liebe eigen,
Mir nach und brächest dann von diesen Zweigen!

– Erfahren – so erwidr' ich – möcht ich noch,
Was diese beiden Zweige hier bedeuten? –
Und sie darauf: – Du kannst es selber deuten,
Dein Griffel stellt den einen doch so hoch.
Die Palme ist der Sieg; jung war ich noch,
Als ich gelernt mich und die Welt bezwingen:
Lorbeer heißt Ruhm erringen,
Und ich, durch Gottes Huld, bin seiner wert.
Wenn dich ein andrer stört,
Ihn rufe an, daß er dir Hilfe spende,
So, daß wir eins sind, wenn dein Lauf am Ende. –

– Ist dies der goldne Knoten nicht, das Haar, –
Sprach ich, – das noch mich bindet, nicht die Augen,
Mein Sonnenlicht? – Dir kann nicht Irrwahn taugen,
So sprach sie, – geh nicht mit der Toten Schar.
Ein Geist vom Himmel bin ich; was ich war,
Das, was du suchst, ist Staub seit vielen Jahren:
Doch um dir Gram zu sparen,
Ward mir die Scheingestalt; ich werde noch
Einst wieder jene, doch
Dir teurer, schöner; so, als Fromme, Reine
Errett' ich beider Heil, deins und das meine. –

Ich weine; mit der Hand,
Leis seufzend, trocknet sie nun mein Gesicht;
Doch ihre Rede bricht
In Worten aus mit lautem Zornergießen,
Bis sie dann und der Schlummer mich verließen.

Italia, mein Vaterland!

Willkommen, heil'ges gottgeliebtes Land,
Wo Frevler zittern, Fromme sicher wohnen!
Dir gleicht kein andrer, vielbesungner Strand
An Segen, Schönheit, Ruhm durch alle Zonen! –

Vom Meer bespült im Ost und West zugleich,
Läßt du dein Felsenhaupt im Äther glänzen;
Du bist der Helden, du der Weisen Reich
Und freust dich doch an zarter Musen Tänzen.

Wie bist du stark durch Heldenmut und Gold!
Natur und Kunst, vereinigt dich zu schmücken,
Beschenkten dich mit Reizen wunderhold
Und lehrten dich, die Welt damit beglücken.

Dir eil' ich zu, nach langer Zeiten Lauf; –
O, laß bei dir ein bleibend Heim mich gründen!
Dem müden Manne tu die Pforten auf,
Laß mich ein Grab in Frieden bei dir finden!

Nur so viel Erde, daß den Leib sie deckt,
Die gönne mir! – Von hohem Bergesrücken
Der grünen Alm zu Füßen hingestreckt
Erschau' ich dich mit jubelndem Entzücken! –

Der Nebel fällt, der Wind erhebt sich leis,
Den Heimgekehrten schmeichelnd zu begrüßen; –
Du bist's, o Heimat! Aller Länder Preis!
Dir, schöne Mutter, sinkt der Sohn zu Füßen!

BRIEFE UND SCHRIFTEN

... Ich will, daß mein Leser, wer es auch sei, nur an eines denkt: an mich, nicht an die Verheiratung seiner Tochter, nicht an die Nacht bei der Freundin, nicht an die Intrigen seiner Feinde, nicht an Bürgschaften, nicht an sein Haus oder Feld oder seine Geldkasse, und daß er, zumindest solange er mich liest, bei mir ist. Wenn er mit Geschäften überbürdet ist, soll er das Lesen aufschieben, sobald er sich aber anschickt zu lesen – da soll er die Last der Geschäfte und die Sorge um seine Privatangelegenheiten von sich werfen und seinen Sinn auf das richten, was er vor Augen hat. Wenn ihm diese Bedingung nicht paßt, soll er von diesen unnützen Schriften fernbleiben. Ich will nicht, daß er sich zugleich mit Geschäften befaßt und sich mit mir abgibt, ich will nicht, daß er völlig ohne Mühe in sich aufnimmt, was ich nicht ohne Mühe geschrieben habe.

An Francesco Nelli. Mailand, 9. August 1352

An Socrates in Avignon

Petrarca sammelt seine Briefe und widmet sie seinem liebsten Freunde.

Was treiben wir eigentlich jetzt, mein Bruder? Wir haben doch schon fast alles angefangen – und nirgends gibt es Ruhe. Wann können wir aber erwarten, Ruhe zu finden, wo sollen wir sie suchen? Die Zeit ist uns, wie man sagt, zwischen den Fingern zerronnen. Unsere alten Hoffnungen sind mit unseren Freunden begraben. Das 1348ste Jahr – es hat uns einsam und arm gemacht. Denn was es uns geraubt hat, das läßt sich weder vom Indischen Meere her wiedererlangen, noch vom Kaspischen oder vom Karpathischen Meer. Unersetzlich sind die Verluste, die wir jüngst erlitten haben. Ist doch jede Wunde unheilbar, die der Tod geschlagen hat! Ein Trost ist uns geblieben: auch wir werden einmal denen folgen, denen wir den Vortritt gelassen haben. Wir kurz die Wartezeit noch sein wird, das weiß ich freilich nicht. Dies aber weiß ich: lang kann sie nicht sein. Sei sie aber noch so kurz, sie kann nicht anders sein als schwer zu ertragen.

Indessen, am Anfang wenigstens, soll man mit seinen Klagen maßvoll sein. Was du, mein Bruder, um dich für Sorge hast, was du mit dir vorhast, das ist mir nicht bekannt. Ich packe jedenfalls schon meine Bündel, und wie die zu tun pflegen, die sich auf Wanderschaft begeben wollen, halte ich Umschau, was ich mit mir fortnehmen soll, was ich unter Freunde verteilen könnte und was ich den Flammen überliefern sollte. Denn verkäuflich ist mir nichts. Ich bin allerdings reicher oder – richtiger gesagt – beladener, als ich glaubte. Ein riesiger Apparat von Schriftstücken aller Art findet sich bei mir im Hause, verstreut freilich und vernachlässigt. Durch langes Lagern schon von Schmutz starrende Kästen habe ich durchstöbert und von Moder halb zerfressene Schriften habe ich durchblättert, bis ich selbst mit Staub ganz bedeckt war.

Die lästige Maus hat mir Schaden gestiftet, das gefräßige Mottenvolk und auch der Pallas Feindin, die Spinne, hat mir, der ich der Pallas Geschäfte betreibe, Verwirrung gebracht. Alles aber läßt sich in harter und beharrlicher Arbeit überwinden.

So sah ich mich zwar umringt von durcheinander geworfenen Haufen von Schriften und überschüttet von garstigem Papier, und im ersten Ansturm fing ich an, alles im flammenden Feuer zu verbrennen, um so einer ruhmlosen Arbeit aus dem Wege zu gehen. Dann aber – wie so ein Gedanke aus dem anderen entspringt – sagte ich zu mir: »Was hindert dich denn, wie ein Wanderer, der von langem Marsch ermüdet ist, gleichsam von einer Warte aus rückwärts zu schauen, Schritt für Schritt die Sorgen und Mühen dieser Jünglingsjahre abzuschreiten und sie dir wieder ins Gedächtnis zurückzurufen?« Dieser Gedanke gab den Ausschlag. Denn es schien mir zwar nicht eine großartige Beschäftigung, immerhin eine nicht unerquickliche Tätigkeit zu sein, wenn ich mich an alles wieder erinnerte, was ich gedacht und zu welcher Zeit ich es gedacht hatte. Es könnte unglaublich klingen, was für ein grellbuntes, wildbewegtes Antlitz die Dinge mir darboten, als ich planlos hin und her wälzte, was sich so ohne Absicht angehäuft hatte. Manches erkannte ich selbst kaum wieder, nicht so sehr deshalb, weil es ein ganz anderes Aussehen bekommen, sondern weil die Schärfe des Verstandes sich inzwischen gewandelt hatte; anderes wiederum weckte nicht ohne ein gewisses Behagen Erinnerung an vergangene Zeiten.

Und ein Teil war frei in ungebundener Rede, ein anderer in homerisches Zaumzeug gezwängt... Ein Teil jedoch war bestimmt, die Ohren der großen Masse zu erquicken, und dieser folgte ganz seinen eigenen Gesetzen. Er gehörte zu jener Gattung, die – wie die Überlieferung sagt – vor nicht gar vielen Jahrhunderten in Sizilien wieder erweckt worden war und sich binnen kurzer Frist über ganz Italien und darüber hinaus verbreitet hatte, die aber schon bei den ältesten Griechen und Lateinern in Übung gewesen war. Haben doch, wie wir vernommen haben, die volkstümlichen Dichter der Attiker und der Römer ebenfalls nur das rhythmische Gedicht gepflegt.

Diese große Schwemmasse der verschiedensten Dinge hat mich also einige Tage lang in Beschäftigung gehalten. Ihr nicht geringer Reiz und die angeborene Liebe zu eigenen Erfindungen zogen mich wohl zu ihnen hin. Dennoch siegte in mir das fürsorgliche Interesse an meinen größeren Arbeiten, die schon gar zu lange nicht weitergeführt wurden und noch halbfertig unter meinen Händen sind, während viele auf sie warten. Es siegte in mir die Besinnung darauf, wie kurz das Leben ist. Ich gestehe es, ich fürchtete die Tücke des Schicksals. Was ist denn, ich bitte dich, flüchtiger als das Leben, was ist uns schärfer auf den Fersen als der Tod? Es kam mir zum Bewußtsein, was für Grundfesten ich bisher gelegt hatte, wieviel Arbeit mir noch bevorstünde und wieviel Nächte ich noch durchwachen müßte. Verwegenheit – geradezu Wahnsinn – schien es mir, für eine so kurze und ungewisse Frist so viele, lange und voll bemessene Arbeiten auf mich zu nehmen und meine Gaben, die kaum für eine von ihnen allein ausreichen würden, im Verschiedenerlei zu verzetteln, um so mehr, als doch, wie du weißt, eine andere Arbeit meiner harrt, die um so herrlicher ist, als Ruhm sich fester auf Taten gründet denn auf Worte.

Kurz gesagt: unglaublich mag es dir vielleicht klingen – wahr ist es darum doch. Wohl tausend oder mehr verstreute Gedichte jeglicher Art und an Freunde gerichtete Briefe habe ich dem Vulcan zum Korrigieren überliefert nicht etwa deshalb, weil mir an ihnen nichts gefallen hätte, sondern weil ihnen mehr von äußerem Zwang als von innerem Drang innewohnte. Allerdings ist dies nicht ohne Seufzen abgegangen. – Warum sollte ich mich denn schämen, meine Schwachheit einzugestehen? – Meiner Seele mußte aber in ihrer Bedrängnis geholfen werden, mochte das Heilmittel auch noch so schmerzhaft sein, und wie ein zu schwer beladenes Schiff bei hohem Seegang mußte sie sogar durch Überbordwerfen von Kostbarkeiten erleichtert werden.

Als dies nun alles brannte, sah ich einiges wenige in einer Ecke liegen. Es mochte mehr zufällig als absichtlich erhalten geblieben sein, oder aber es war früher einmal von Hausgenossen abgeschrieben worden und hatte auf diese Weise das allbesiegende Altern überdauert. »Einiges wenige« habe ich gesagt, ich fürchte jedoch, dem Leser wird es viel, dem Schreiber viel zu viel erscheinen. Mit diesen wenigen Resten hatte ich mehr Erbarmen; ich ließ sie am Leben, nicht um ihrer eigenen Würdigkeit willen, sondern weil ich bedachte, wieviel Mühe sie mich gekostet hatten. Es war in ihnen auch nichts von geschäftlichen Dingen zu spüren.

Diesen Teil meiner Schriften beschloß ich nun so zu verteilen, daß dir die Prosa zufallen sollte, dem Barbatus die Gedichte, und dabei wog ich die verschiedenartigen Veranlagungen von euch beiden Freunden gegeneinander ab. Ich hatte nämlich in Erinnerung, daß ihr es einmal so gewünscht hattet, und daß ich es euch so versprochen hatte. Nun war ich also eben dabei, alles eins nach dem anderen in einem einzigen Anlauf zu vernichten, so wie es mir Schritt für Schritt entgegentrat. Und wie mir gerade zumute war, hätte ich wohl auch dies nicht einmal verschont. – Da aber schien es mir plötzlich, als stünde der eine von euch mir zur Linken, der andere zur Rechten, und ein jeder schien mich an der Hand zu fassen und mich freundschaftlich zu ermahnen, ich möchte doch meine Versprechungen und eure Hoffnungen nicht in einem gemeinsamen Feuer verbrennen. Das war der Hauptgrund dafür, daß dies hier entkam, sonst wäre es – glaube es mir – mit dem übrigen zusammen verbrannt.

Das also, was dir jetzt als dein Anteil an diesen Reliquien zufällt, das wirst du nun durchlesen, so wie es eben ist, nicht mit ruhigem – nein, mit gierigem Gemüte. Ich wage nicht, das Wort des Apulejus von Madaura ins Treffen zu führen: *Leser, mach dich daran, du wirst deine Freude haben.* Woher sollte ich denn die Zuversicht nehmen, einem Leser Genuß oder gar Freude zu versprechen? Du wirst es jedoch lesen, mein Socrates, und als deines Freundes liebevollster Freund wirst du vielleicht Freude daran haben und wirst dich an dem Stile dessen ergötzen, an dessen Herzen du Wohlgefallen hast. Was macht es denn aus, ob es der Form nach groß und schön geraten ist, wenn es doch nur das Urteil eines liebenden Freundes über sich ergehen lassen muß. Überflüssig ist es ja, an etwas zu feilen, was schon an sich gefällt. Wenn dir aber daran das, was mein ist, wirklich gefällt, so ist es nicht mein Verdienst – ich bekenne es frei –, sondern deines. Das heißt: nicht meinem Ingenium gereicht es zum Lobe, sondern deiner freundschaftlichen Nachsicht.

Großer rhetorischer Schwung ist hier allerdings nicht zu spüren, denn der steht mir nun einmal nicht zu Gebote. Schwung würde aber auch in diesen Stil nicht passen, wenn ich wirklich über ihn verfügte. Deshalb hat doch auch Cicero, der ja in diesem Fache ein Meister war, rhetorischen Schwung in seine Briefe nicht aufgenommen, ebensowenig in diejenigen seiner Bücher, in denen *eine gleichbleibende und in sich ausgeglichene Art der Rede* herrscht, wie er selbst sich ausdrückt. Den unvergleichlichen, quellenden und alles überflutenden Strom seiner Beredsamkeit hat er eben nur in seine Reden ergossen; das ist die Gattung, von der Cicero zu unendlichen Malen zugunsten seiner Freunde, oft gegen die Feinde des Staates und gegen seine eigenen Feinde Gebrauch gemacht hat, und die auch Cato oft im Interesse von anderen, vierundvierzigmal für sich selbst anwendete. Ich allerdings habe keine Erfahrung in dieser Gattung. Denn ich habe mich von Staatsämtern ferngehalten und mein guter Ruf ist wohl bisweilen durch leises Murmeln und heimliches Zischen angegriffen worden, vor Gericht hat er aber bisher keine Wunde erlitten, für die ich mich hätte rächen oder vor der ich mich hätte decken müssen. Anderen aber bei solchen Verwundungen mit Worten Hilfe zu leisten, ist nicht mein Beruf. Ich habe ja nicht gelernt, einem Gerichtshof zu schmeicheln oder meine Zunge zu vermieten. Das ist meiner Natur von Grund aus zuwider, und sie sträubt sich dagegen. Denn sie hat mich zum Liebhaber des Schweigens und der Einsamkeit gemacht, zum Feind des Forums und zum Verächter des Geldes. Es ist nur gut, daß sie mich nie hat das Geld entbehren lassen; denn entbehrte ich es, so wäre ich wohl von der Natur recht unvermögend gemacht worden.

Der Schwung der rhetorischen Sprache scheidet also aus. Er fehlt mir zwar nicht ganz, aber ich habe ihn auch nicht im Überfluß. Selbst wenn ich aber von rhetorischem Schwung überschäumte, könnte ich ihn ja nirgends anwenden. Du wirst also diesen meinen mittelmäßigen, häuslichen, ja familiären Stil mit freundschaftlichem Wohlwollen lesen wie das übrige von mir, und du wirst vorliebnehmen, weil er den Gedankengängen angepaßt und gemäß ist, in denen wir uns gewöhnlich in gemeinsamem Gespräch bewegen. Ich habe jedoch nicht lauter Richter von der Art wie du einer bist. Einmal fühlen nicht alle so wie du, und dann lieben mich nicht alle ähnlich wie du. Wie sollte ich aber auch allen gefallen, da es doch stets mein Streben war, nur wenigen zu gefallen? Dreierlei fürwahr vergiftet ein gerechtes Urteil: Liebe, Haß und Neid. Siehe du aber zu, daß du nicht aus zu großer Liebe zu mir dich verleiten läßt, etwas unter das Volk zu bringen, was besser im verborgenen bliebe. Wie nämlich deine Liebe dir, so wird anderen vielleicht etwas anderes das Urteil trüben. Zwischen Blindheit aus Liebe und Blindheit aus Neid ist ja wohl der Ursache nach ein großer Unterschied, in der Wirkung jedoch gar keiner. Den Haß habe ich hier an zweiter Stelle aufgezählt. Ihn verdiene ich sicherlich nicht und ich fürchte ihn auch nicht.

Du hast aber die Möglichkeit, meine Tändeleien für dich zu behalten und für dich zu lesen, und du brauchst dabei nichts anderes im Sinne zu haben, als die Erinnerung an unsere Lebensschicksale und an die der Unsrigen. Auf diese Weise würdest du mir einen sehr großen Gefallen erweisen, denn so wird deine Bitte nicht unerfüllt bleiben, und mein guter Ruf wird dennoch gewahrt werden. Denn wir wollen uns doch in keiner Weise durch übertriebenen Beifall selbst täuschen: Wie sollten wir glauben, daß ein Freund – wäre er nicht zugleich unser zweites Ich – diese Briefe ohne Langeweile lesen wird, in denen alles doch so sehr auseinander und gegeneinander strebt! Es erscheint in ihnen ja nicht durchweg der gleiche Stil, nicht ein und dieselbe Einstellung des Schreibenden. Hat mir doch alles mein Herz eingegeben, das in den verschiedenen Lebenslagen so ganz verschieden gestimmt gewesen ist, das gar selten fröhlich war, oft genug vielmehr traurig.

Epikur, der gemeinhin einen schlechten Ruf hat, nach dem Urteil der größten Geister jedoch ein großer Philosoph ist, hat seine Briefe an zwei oder höchstens drei Freunde geschrieben: an Idomeneus, an Polyaenus und an Metrodorus. Cicero schrieb die seinigen an ungefähr ebenso viele, nämlich an Brutus, an Atticus und an die beiden Ciceronen, seinen Bruder und seinen Sohn. Seneca schrieb außer den Briefen an seinen Freund Lucilius nur ganz wenige andere. Nun ist es eine bequeme Aufgabe, die den glücklichsten Erfolg haben muß, wenn man das Herz desjenigen kennt, mit dem man Zwiesprache hält, wenn man an die Veranlagung eines einzigen gewöhnt ist, und wenn man weiß, was ihm Freude macht zu hören und was man ihm sagen darf.

Meine Lage ist aber eine völlig andere: habe ich doch mein ganzes Leben bis zu dieser Zeit stets auf der Wanderschaft verbracht. Vergleiche nur die Irrfahrten des Ulixes mit den meinen. Wahrlich, wäre Glanz des Namens und der Schicksale bei uns beiden gleich – länger und weiter ist er nicht herumgeirrt als ich. Ulixes aber verließ die Grenzen seines Vaterlandes erst als reifer Mann. Und wenn schon in keinem

Lebensalter irgend etwas von langer Dauer ist, so ist im Alter alles auf das kürzeste befristet.

Ich bin in der Verbannung gezeugt, in der Verbannung geboren, und meine Mutter hatte dabei so schwere Mühsal und solch äußerste Gefahr zu bestehen, daß nicht nur die Hebammen, sondern sogar die Ärzte sie lange für bereits entseelt hielten. So begannen für mich die Gefahren schon, ehe ich geboren war, und ich trat an die Schwelle des Lebens im Zeichen des Todes. Daran erinnert sich Arezzo, eine nicht unedle Stadt Italiens, wo mein aus dem Vaterlande verbannter Vater mit einer großen Schar Wohlgesinnter Zuflucht gefunden hatte. Von dort wurde ich im siebenten Monat weggeführt, und ein sehr kräftiger junger Mann trug mich durch ganz Toskana. – Es ist mir eine Freude, mich mit dir an die ersten Anfänge meiner Mühsal und meiner Gefahren zu erinnern: Jener Jüngling hielt das in Linnen gewickelte Kind an einem Knotenstock hängend in der Rechten, um den zarten Körper nicht durch Berührung zu verletzen, nicht anders als einst Metabus die Camilla. Beim Hindurchschreiten durch den Arno aber wurde er von seinem strauchelnden Pferd abgeworfen – und fast wäre er selbst in dem reißenden Wirbel umgekommen, während er die ihm anvertraute Last zu retten suchte. Zu Pisa fand die toskanische Irrfahrt ihr Ende. Von dort wurde ich im siebenten Lebensjahre wiederum losgerissen und zur See nach Frankreich hinübergebracht. Dabei erlitt ich unweit von Marseille in winterlichen Nordstürmen Schiffbruch, und wenig hätte gefehlt, so wäre ich zum anderen Male gerade aus der Vorhalle neuen Lebens abgerufen worden.

Wohin lasse ich mich aber fortreißen, ohne an das zu denken, was ich mir vorgenommen habe? – Seither hatte ich freilich bis zum heutigen Tage so gut wie keine Gelegenheit zu verweilen und Atem zu schöpfen, höchstens ganz selten einmal, und außer mir weiß niemand besser als du, wie viele Gefahren und Ängste jeglicher Art ich auf meiner Irrfahrt erduldet habe. Das wollte ich aber jetzt nur deshalb erwähnen, damit du im Gedächtnis behältst, daß ich unter Gefahren geboren, unter Gefahren alt geworden bin – wenn ich überhaupt das Alter schon erreicht habe und wenn mir nicht noch Schwereres eben für das Greisenalter aufbewahrt bleibt. Solches mag nun allen gemeinsam sein, die in dieses Leben eintreten – denn das Leben der Menschen auf Erden ist nicht nur Kriegsdienst, es ist vielmehr Kampf. Jedem aber ist ein anderer Kampf bestimmt. Grundverschieden voneinander sind die Arten des Kampfes, und wenn auch ein jeder seine schwere Last zu tragen hat, so ist doch in den Lasten, die uns drücken, wahrlich ein großer Unterschied.

In diesen Stürmen des Lebens also – um zum Thema zurückzukehren – habe ich in keinem Hafen für lange Zeit den Anker ausgeworfen. Wie viele wahre Freunde ich mir dabei erworben habe, weiß ich nicht – denn das Urteil darüber, was ein Freund ist, ist stets schwankend, und stets ist der Mangel an wahren Freunden groß. Bekanntschaften habe ich aber jedenfalls unzählige gemacht. So hatte ich an viele und durch Veranlagung wie durch Lebensstellung weit voneinander entfernte Menschen so verschieden zu schreiben, und wenn ich nun alles wieder lese, will es mir zuweilen scheinen, als hätte ich einander Widersprechendes gesagt. Doch wird mir ein jeder zugestehen, der ähnliches an sich erfahren hat, daß ich dies beinahe unter einem Zwange getan habe: Die erste Sorge für jemand, der schreibt, ist ja, darauf zu achten, wem er schreibt. Einzig die Sorge beherrscht ihn: Was wird der Empfänger sich dabei vorstellen und in welcher Weise wird er auch die übrigen Umstände auffassen? Anders muß man ja zu einem beherzten Manne sprechen, anders zu einem energielosen, anders zu einem unerfahrenen Jüngling, anders zu einem Greise, der seine Lebensarbeit getan hat, anders zu einem von Glück Strotzenden, anders zu einem vom Unglück Gebeugten, anders endlich zu einem studierten Mann, der durch Bildung und Geist hervorragt, anders zu einem, der nichts verstehen würde, wenn man zu hoch spräche. Unendlich mannigfaltig sind die Menschen, und die Herzen sind einander nicht ähnlicher als die Gesichter. Und wie dieselbe Speise nicht einem jeden Magen behagt – nicht einmal dem Magen eines und desselben Menschen zu allen Zeiten –, so kann man den gleichen Geist nicht stets mit demselben Stile füttern. Daher ist es zwiefache Arbeit, sich vorzustellen, wes Geistes Kind der ist, an den man zu schreiben vorhat, und wie er gerade dann gestimmt ist, wenn er das liest, was man ihm schreiben will. Unter dem Zwange solcher Schwierigkeiten mußte ich mit mir selbst in stärksten Widerspruch geraten. Daß mir dies aber nicht von ungerechten Richtern als Fehler ausgelegt werden kann, das habe ich teils durch die Hilfe des wohltätigen Feuers erreicht, zum anderen Teile wirst du mir dafür sorgen, wenn du alles dies geheim und ohne Namen im Besitz behältst. Vielleicht kannst du es aber vor unseren wenigen überlebenden Freunden doch nicht verbergen – denn Freundschaft hat ja Luchsaugen, und nichts ist undurchdringlich für die Blicke von Freunden. – Dann ermahne sie, daß sie alles, was etwa bei ihnen noch von dergleichen Schriften von mir vorhanden ist, so rasch wie möglich vernichten möchten, damit sie sich nicht an Veränderungen in Tatsachen und Worten stoßen. Niemals habe ich ja vermutet, es könnte dir in den Sinn kommen, mich zu bitten, daß ich dies alles zu einem Ganzen vereinigen möchte, und ich könnte mich bestimmen lassen, dir dies zuzugestehen. So ist es mir eben häufig genug begegnet, daß ich aus Scheu vor der Mühe in einem Brief etwas wiederholt habe, was ich in einem anderen gesagt hatte, und daß ich, wie Terenz sagt, *mein Eigentum als mein Eigentum benutzt habe.*

Denn alles dies, was in vielen Jahren von mir herausgegangen ist, was auf mein Geheiß in die verschiedensten Weltgegenden wanderte, das ist nun schließlich in einem Zeitpunkt an eine Stelle zusammengekommen. So ist die Mißgestalt am Gesamtkörper auf einmal leicht erkennbar, während sie in den einzelnen Gliedern verdeckt war. Eine Wendung, die gefiel, als sie einmal in einem Briefe dastand, fing nun an, langweilig zu werden, da sie in dem ganzen Werk häufiger wiederholt war. Daher mußte sie an einer Stelle belassen, an anderen jedoch ausgemerzt werden. Vieles habe ich auch herausgenommen, was von persönlichen Dingen handelte. Als es niedergeschrieben wurde, war es vielleicht nicht unwert, bekannt zu werden. Jetzt aber würde es einem noch so leidenschaftlich begierigen Leser beschwerlich sein. Ich bedachte dabei, wie Cicero gerade um solcher Dinge willen von Seneca verspottet worden ist. Doch will ich in diesen Briefen hauptsächlich der Art des Cicero folgen und nicht so sehr der des Seneca. Dieser hat ja die ganze Moral, die in seinen Schriften enthalten ist, in seine Briefe gehäuft. Cicero dagegen behandelt die philosophischen Probleme in seinen Schriften, und was Familie und Freunde angeht, nämlich Neuigkeiten und die mannigfaltigen, lärmenden Gerüchte jenes Zeitalters, schließt er in seine Briefe ein. Wie Seneca über Ciceros Briefe denkt, da mag er selbst zusehen. Für mich – ich muß es gestehen – sind sie eine höchst erfreuliche Lektüre. Bringt sie doch Erholung von gespannter Aufmerksamkeit auf schwierige Dinge, die den Geist abstumpft, wenn sie ohne Unterlaß aufrecht erhalten wird, die ihn aber ergötzt, wenn sie gelegentlich einmal unterbrochen wird. Du wirst hier also vieles finden, was freundschaftlich an Freunde, darunter auch an dich selbst geschrieben ist, manches über öffentliche und private Angelegenheiten, manches auch über unsere Schmerzen – denn dieser Stoff ist gar zu reich – manches auch über andere Dinge, wie sie der Zufall in den Weg brachte. Ich habe gewissermaßen nichts anderes tun wollen, als meinen Seelenzustand und anderes, was erzählenswert war, meinen Freunden bekanntmachen. Ich billige eben, was gerade wieder Cicero in seinem ersten Brief an seinen Bruder sagt: es sei *einem Brief angemessen, den, an welchen er geschrieben ist, über Dinge zu unterrichten, die er nicht kennt.*

Hiervon ging ich aus, als ich mir den Titel dieses Buches überlegte. Denn obwohl der Name »Briefe« der Wahrheit entsprechen würde, so wollte ich ihn doch nicht zweimal gebrauchen, schon weil ihn viele Alten gebraucht hatten, und dann, weil ich selbst diesen Namen gerade den verschiedenartigen an Freunde gesandten Gedichten vorangestellt hatte, deren etwas weiter oben Erwähnung geschah. Daher gefiel mir ein neuer Name; die Schrift sollte heißen

Das Buch von Familie und Freundschaft

Einiges wenige ist allerdings mit gebührender Sorgfalt geschrieben, das meiste aber in familiärer Weise über Familienangelegenheiten. Immerhin ist die Erzählung, die einfach und ungekünstelt ist, wie der Stoff es verlangte, bisweilen mit moralischen Betrachtungen gewürzt, und auch das habe ich von Cicero her beibehalten.

Derart vieles über eine an sich so geringe Sache zu sagen, heißt mich die Furcht von den gar bissigen Kritikern, die zwar nichts schreiben, worüber man urteilen könnte, die dafür aber über das Ingenium anderer ein Urteil fällen. Es ist dies eine höchst unverschämte Leichtfertigkeit, die sich eben nur im Schweigen sicher fühlt. Wer mit gefalteten Händen am Strande sitzt, dem fällt es leicht, wie er will, ein Urteil über die Steuermannskunst abzugeben. Gegen die Frechheit solcher Leute sollst du das, was uns so schlicht und unvorsichtig entschlüpft ist, wenigstens dadurch schützen, daß du ihm ein Versteck gewährst. Habe ich aber erst einmal die letzte Hand an jenes andere Werk gelegt, so sollst du es nicht als des Phidias Minerva, wie Cicero sagt, sondern als das Bild meiner Seele und als das mit vielem Eifer ausgehauene Ebenbild meines Geistes, gleichviel wie es geraten mag, irgendwo in einer gesicherten Burg aufstellen.

Soviel nun hiervon. Anderes würde ich, wenn ich es dürfte, lieber mit Schweigen bedecken. Aber eine schlimme Krankheit läßt sich nicht leicht verbergen; sie wird offenbar und verrät sich an ihren Zeichen. Ich schäme mich meines der Weichlichkeit verfallenen Lebens. Denn siehe – die Reihenfolge meiner Briefe selbst wird es dir bezeugen –: in der ersten Zeit war mir eine kräftige und besonnene Sprache eigen, das Zeichen eines gesunden Seelenzustandes. So konnte ich nicht nur mich selbst sondern oft auch andere trösten. Was dann folgt, wird von Tag zu Tag schwächlicher und kleinmütiger und ist vollgestopft mit nicht gerade männlichen Klagen. Diese vor allen suche zu verbergen, ich bitte dich. Was sollen denn andere sagen, wenn ich selbst beim Wiederlesen erröten muß? War ich denn in meiner Jugend ein Mann, um nun im Alter ein Knabe zu werden? Welch unselige fluchwürdige Verkehrtheit! Ich hatte die Absicht, die zeitliche Folge der Briefe zu verändern oder das, was ich selbst verdamme, dir ganz vorzuenthalten. Weder so noch so hätte ich dich, so scheint es mir, hintergehen können. Denn du hast ja meine weinerlichen Briefe im Original in Händen und kennst von allen genau Jahr und Tag. Ich nehme daher meine Zuflucht zu den Waffen der Entschuldigung. In langem schwerem Kampfe hat Fortuna mich mürbe gemacht. Solange mir Atem und Mut ausreichte, habe ich selbst widerstanden und andere zum Widerstande ermahnt. Sowie aber mein Fuß und mein Mut zu wanken begann vor der Macht und dem Ansturm des Feindes, da ging mir mit einem Male die großartige Art zu reden aus. Ich sank zu diesen Klagen herab, die nun Mißfallen erregen. Dabei mag mir vielleicht die Liebe zu den Freunden als Entschuldigung dienen. Denn bei keiner Wunde, die das Schicksal schlug, habe ich gejammert, solange sie wohlauf waren. Als sie aber alle bald darauf in einem und demselben unheilvollen Zusammenbruch begraben wurden und dazu noch die ganze Welt erstarb, da schien es mir eher unmenschlich als tapfer zu sein, unbewegt zu bleiben. Wer hat denn vor dieser Zeit je gehört, daß ich mich weinerlich benommen hätte, bei Verbannung, bei Krankheit, bei einem Rechtsstreit, bei Staatsprozessen oder sonst bei irgendwelchen wirbelnden

Wechselfällen vor Gericht, oder etwa beim Verlust des väterlichen Hauses und des Vermögens, oder bei Schmälerung meines Ruhmes, wegen verlorenen Geldes, oder wegen der räumlichen Trennung von den Freunden? Denn gerade in solchen Beschwerlichkeiten benimmt sich Cicero so weichlich, daß ich mich bei aller Vorliebe für seinen Stil an seinen Äußerungen stoße. Dazu kommen seine streitsüchtigen Briefe und die Schimpfereien und Vorwürfe, die er gegen hochberühmte und eben noch von ihm selbst höchlichst belobte Männer mit merkwürdiger Leichtherzigkeit schleudert. Als ich dies alles las, war ich bezaubert und abgestoßen zugleich, und ich konnte mich nicht enthalten, ihm, wie es der Zorn mir eingab, gleichsam als sei er ein gleichaltriger Freund, mit der Vertrautheit zu schreiben, die mich mit seinem Geiste verbindet, gerade als ob ich den Unterschied der Zeiten vergessen hätte. Ich mußte ihn darin zurechtweisen wegen der Reden, die mich verletzten. Dieser Gedankengang war für mich der Anlaß dazu, als ich einmal die Tragödie des Seneca, die Octavia betitelt ist, nach Jahren wieder las, auch diesem aus dem gleichen Antrieb heraus zu schreiben. Schließlich schrieb ich auch, wie sich mir verschiedenartiger Stoff darbot, dem Varro und dem Virgil und anderen. Einige von diesen Briefen habe ich in den letzten Teil dieses Werkes eingefügt und sie könnten ohne diese Vorbemerkung den Leser mit plötzlichem Staunen erfüllen, einige andere dagegen sind in dem geschilderten Brande zugrunde gegangen.

Ganz so aber wie jener große Mann in seinem Schmerze war, so bin ich in dem meinigen gewesen. Meinen gegenwärtigen Gemütszustand kannst du aber aus Folgendem kennen lernen: Heute würde es keineswegs gehässig sein, wollte man mir das zuerkennen, was, wie Seneca sagt, Unkundigen geschieht: *Aus der Verzweiflung selbst heraus bin ich furchtloser geworden*. Was soll denn einer fürchten, der so oft mit dem Tode gerungen hat?

Ein Glück bleibt den Besiegten, kein Glück noch fürder zu hoffen. Du wirst sehen, ich werde jetzt von Tag zu Tag beherzter im Handeln werden, beherzter im Reden. Und sollte sich noch etwas meiner Feder Würdiges darbieten, dann wird meine Feder nerviger geführt werden. – Und gewiß, vieles wird sich noch bieten. Denn das sehe ich kommen: das Ende meines Briefschreibens wird mit dem Ende meines Lebens zusammenfallen. Alles andere hat einmal sein Ende oder läßt es doch erhoffen. Für dieses Werk jedoch, das ich in der ersten Zeit meines Jünglingsalters auf zerstreuten Blättern begonnen habe und das ich nun schon in vorgerückten Jahren zusammenfasse und in die Form eines Buches bringe, verspricht mir die Liebe der Freunde kein Ende. Denn beständig werde ich gezwungen zu antworten, und keine Entschuldigung wegen meiner mannigfachen Beschäftigung befreit mich von diesem Tribut. Daher wisse: Erst dann werde ich Befreiung von dieser Pflicht gesucht haben und erst dann wird diesem Werk ein Ende gesetzt sein, wenn du erfährst, daß ich abgeschieden bin und von allen Mühsalen des Lebens befreit. Inzwischen werde ich den einmal beschrittenen Weg weiter verfolgen, da ich eben nicht früher einen Ausweg erwarte, als den Ausgang aus dem Lichte des Lebens; und statt der Ruhe werde ich die süße Arbeit genossen haben.

Im übrigen wollen wir, was schwächer ist, in die Mitte nehmen. So pflegen es ja die Redner zu tun, gerade wie die kriegführenden Feldherren. Ich will mir Mühe geben, daß wie die Stirnseite des Buches, so auch seine Nachhut mit männlichen Sentenzen gefestigt wird, um so mehr, als ich im Leben augenscheinlich immer härter und härter gegen die Stürme und Unbilden des Schicksals geworden bin. Als was ich mich schließlich bei einer tatsächlichen Prüfung erweisen werde, darüber auszusagen, möchte ich nicht im mindesten wagen. Mein Herz ist jedenfalls so entschlossen, daß ich keinem Angriff mehr erliegen dürfte.

Und bricht der Erdkreis im Sturz zusammen,
Treffen die Trümmer mich ohne zu schrecken.

Wisse: ich bin mit virgilischen und horazischen Sentenzen gewappnet. Vorzeiten habe ich sie gelesen, und oft genug habe ich sie angeführt; jetzt endlich aber unter der Wucht der letzten Schicksalsschläge habe ich durch den Zwang des unentrinnbaren Geschickes gelernt, sie mir zu eigen zu machen...

Süß war mir das Zwiegespräch mit dir. Gern und gewissermaßen mit Absicht habe ich es in die Länge gezogen. Denn es hat dein Antlitz wieder über so viele Länder und Meere hinweg zu mir gebracht und hat mir deine Gegenwart geschenkt bis zum Abend. Da ich am frühen Morgen die Feder ergriffen hatte, ist nunmehr das Ende des Tages und des Briefes da. Dies also, mein Bruder, was ich sozusagen aus bunten Fäden aller Farben gewoben habe, möchte ich dir widmen. Wenn uns ein ständiger Wohnsitz und die stets vergebens gesuchte Muße beschieden sein sollte – wie es nunmehr meinen Blicken sich zu zeigen beginnt – so will ich ein edleres, jedenfalls ein gleichförmigeres Gewebe anfangen, um es dir zu widmen. Ich möchte, ich gehörte zu den wenigen, die Ruhm versprechen und gewähren können. Du aber wirst mit eigener Kraft ans Licht gelangen auf den Flügeln deines Genius und wirst meiner Hilfe nicht bedürfen. Wenn ich aber durch so viele Schwierigkeiten hindurch zur Höhe zu steigen vermag, dann wahrlich sollst du einst mein Idomeneus, du mein Atticus, du mein Lucilius sein.

Lebe wohl.

[Padua, 13. Januar 1350]

An den Kardinal Colonna in Avignon

Von einer Rheinreise, besonders einem festlichen Abend in Köln

Ich hatte Aachen verlassen, zuvor aber noch in den wie zu
Bajae heißen Quellen gebadet, von denen die Stadt, wie man
glaubt, ihren Namen hat, und Köln nahm mich auf, die
agrippinische Kolonie, die am linken Rheinufer gelegen ist,
ein Ort, berühmt durch seine Lage und seinen Strom,
berühmt auch durch seine Bevölkerung. Erstaunlich, wie
groß im Barbarenlande die Gesittung, wie schön der Anblick
der Stadt, wie gesetzt die Haltung der Männer, wie schmuck
das Gebaren der Frauen! Zufällig war gerade Johannisabend,
als ich dort anlangte, und die Sonne neigte sich schon gen
Westen. Sogleich bringt mich das Zureden der Freunde –
denn auch hier hatte mir der Ruhm früher Freunde erworben
als das Verdienst – von der Herberge zum Fluß, ein herrliches
Schauspiel zu sehen. Und ich ward nicht enttäuscht. Das
ganze Flußufer war nämlich bedeckt von einer riesengroßen,
glänzenden Schar von Frauen. Ich stutzte… Gute Götter!
Was für Gestalten, was für Gesichter, welch eine Haltung! In
Liebe hätte entbrennen können, wer nur ein nicht schon
gebundenes Herz mitgebracht hätte.

Ich hatte mich an einem etwas erhöhten Fleck aufgestellt,
von dort auf das, was sich abspielte, zu schauen. Es war ein
unglaublicher Zulauf ohne Gedränge. Manche waren mit
duftenden Kräutern umwunden und hatten die Ärmel über
die Ellenbogen zurückgestreift. So wuschen sie in fröhlichem
Durcheinander die weißen Hände und Arme im reißenden
Strom und mit fremdländischen Murmellauten sagten sie
dabei zueinander irgend etwas Reizendes. Kaum irgendwo
habe ich noch so klar verstanden, was dem Cicero zu sagen
beliebt und was auch ein altes Sprichwort zu sagen pflegt, daß
nämlich alle Menschen, wenn sie unbekannte Sprachen

hören, gewissermaßen taub und stumm sind. Der einzige Trost war für mich: es fehlte mir nicht an gar liebenswürdigen Dolmetschern. Denn auch das unter dem allen wirst du bestaunen, daß jener Himmelsstrich den Musen ergebene Geister auferzogen hat. Wenn also Juvenal sich wundert, daß *Gallien bildet beredt die prozessierenden Briten*, könnte er sich ebensogut wundern, daß *das gebildete Deutschland geistvolle Dichter genähret*. Damit du aber durch mich als Gewährsmann keiner Täuschung unterliegest, so wisse: einen Maro gibt es dort nicht, Nasonen gar viele, so daß man sagen könnte, es sei eine wahre Prophezeiung gewesen, die der Dichter am Ende seiner Metamorphosen niedergelegt hat, in starkem Vertrauen auf der Nachfahren Dank oder auf seinen eigenen Genius. Soweit jedenfalls die römische Macht – oder mehr der Wahrheit gemäß: der Römername auf dem unterworfenen Erdkreis sich ausbreitet, wird dieser Dichter jetzt von allem Volke gelesen, und alle sind sie ihm in lobenswerter Weise gewogen. Derartige Begleiter habe ich, wo immer etwas zu hören oder zu antworten erforderlich war, statt der Zunge und statt der Ohren gebraucht.

Als ich also einen aus jener Zahl bewundernd und unkundig des Sachverhalts mit folgendem Virgilsprüchlein fragte:

> *Was will der Zulauf zum Strome?*
> *Was erstrebt ihr Gemüt?*

empfing ich die Antwort: es sei ein uralter Landesbrauch und besonders das Weibervolk bilde sich fest ein, jedwedes für das ganze Jahr etwa drohende Unheil werde reinigend weggespült durch die Waschung im Strome an diesem Tage und im Verfolge werde nur Erfreuliches eintreffen; daher denn diese Läuterung alljährlich mit stets unerschöpflichem Eifer begangen werde und auch zu begehen sei.

Dazu sagte ich lächelnd: O überglücklich seid ihr, ihr Anwohner des Rheins, wenn dieser euch euer Elend abwäscht; das unsere abzuwaschen hat weder der Po je vermocht noch der Tiber. Ihr sendet euer Leid den Britanniern mit dem Fährmann Rhein hinüber, wir würden das unsre gern den Afrern und Illyrern schicken. Aber wir haben, wie leicht zu erkennen ist, trägere Flüsse.

Da erhob sich ein Gelächter. Es war spät geworden, und wir gingen heim. An einigen der nächstfolgenden Tage wanderte ich von früh bis abends mit den gleichen Führern in der Stadt umher, eine nicht unangenehme Aufgabe, nicht einmal so sehr wegen all dessen, was einem noch vor Augen stand, als in der Erinnerung an unsere Vorfahren, die so fern vom Vaterlande solch herrliche Denkmäler römischer Größe hinterlassen haben. In erster Linie drängte sich mir da Marcus Agrippa auf, der Gründer dieser Kolonie, der zwar des Hochberühmten viel daheim, viel auch in der Fremde erbaut hat, der aber diese Stadt vor allem würdig erachtete, ihr seinen Namen beizulegen; er, ein als Bau- und Kriegsherr hervorragender Mann und von Augustus allein auf dem ganzen Erdkreis für würdig gehalten, sein Schwiegersohn zu werden, als Gemahl einer Tochter, die, wie sie auch immer sein mochte, doch sein geliebtes, doch sein einziges Kind, doch eine Kaisertochter war.

Ich sah die vielen Tausend gleichzeitig verstümmelter Körper heiliger Jungfrauen und die Erde, die ihren hochedlen Reliquien geweiht ist und die, wie man sagt, die unedlen Leichen ausgetrieben hat. Ich sah das Kapitol, das Abbild des unsrigen – nur daß statt des Senats, der bei uns über Krieg und Frieden Rat hält, dort schöne Jünglinge und Mädchen gemischt in ewiger Eintracht nächtliche Lobeshymnen singen. Zu Rom tönt der Räder und Waffen Gelärm und das Seufzen der Gefangenen, dort aber herrscht Ruhe und Freude, dort erklingen Stimmen von Scherzenden, zu Rom schreitet im Triumph der Kriegsfürst herein, dort der Friedensfürst. Ich sah inmitten der Stadt die überherrliche, obschon unvollendete Domkirche, die man nicht ohne guten Grund die allerhöchste nennt. Anbetend betrachtete ich dort der

Magierkönige Leichname, die von Morgen gen Abend in dreimaligem Sprunge herübergeschafft worden waren, der Könige, von denen wir lesen, daß sie einstens dem Himmelskönig, da er wimmernd in der Krippe lag, Geschenke und Verehrung darbrachten.

Hier scheint mir nun, bester Vater, daß ich die mir von der Ehrfurcht gesetzten Schranken überschritten und mehr zusammengetragen habe, als Bedarf gewesen wäre. Dies beides gestehe ich ein. Aber nichts ist mir so sehr Bedürfnis, als deinem Befehl gehorsam zu sein. War doch unter dem vielen, was du mir beim Abschied auftrugst, gerade dies das Letzte: ich sollte über die Länder, in die ich reiste, und über jede Einzelheit, die ich zu sehen oder zu hören bekäme, dich schriftlich genau so unterrichten, wie ich es von Mund zu Mund zu tun gewohnt bin; ich sollte die Feder nicht schonen, noch eigens nach Kürze oder Schmuck des Ausdrucks streben, nicht erst die schönsten Blumen herauspflücken, sondern gleich alles zusammenraffen. Am Schluß sagtest du noch mit einer ciceronischen Wendung: »Schreibe nur, was dir gerade auf die Zunge kommt.« Dies versprach ich zu tun. Mir scheint, mit den vielen Briefchen von meinem Reiseweg habe ich mein Versprechen erfüllt. Hättest du befohlen, ich sollte von Höherem reden, ich hätte es versucht. Nun aber halte ich es für die Aufgabe eines Briefes, nicht den Schreiber zu adeln, sondern dem Leser Nachricht zu geben. Denn wenn wir eben gesehen sein wollen, dann laßt uns in Büchern uns zeigen – in Briefen wollen wir Zwiesprache halten.

Ich fahre fort: am 29. Juni reist ich ab von Köln, bei so starkem Sonnenbrand und Staub, daß ich oft *Alpenschnee und Eisesstarre des Rheines* vom Virgil mir ausbat. Daran anschließend durchzog ich allein den mir durch das Zeugnis von Schriftstellern schon bekannten, aber beim Anblick dunklen und schreckenerregenden Ardennerwald, und dies – worüber du mehr noch staunen wirst – zur Kriegszeit. Den Sorglosen aber, so sagt man, steht Gott bei.

Ich will aber den langen, zu Pferd kaum bewältigten Reiseweg mit der Feder nicht nochmals durchmessen. Nachdem ich durch viele Länder gezogen, bin ich am heutigen Tage nach Lyon gekommen. Es ist auch diese Stadt eine vornehme Römerkolonie, ein wenig nur älter als Agrippina. Hier vereinigen sich zwei bekannte, zu unserm Meere strömende Flüsse, die Rhone und die Araris, oder die Saone, wie sie die Einheimischen nennen. Aber ich sage nichts weiter von ihnen: vereint nämlich eilen sie zu dir, der eine einem Bezwinger ähnlich, der andere einem Bezwungenen, und sie bespülen mit vermischten Gewässern Avignon, wo jetzt dich und das Menschengeschlecht der Römische Pontifex hinhält.

Als ich hier in der Frühe angelangt war und beim Eintritt mir dieser dein Diener in den Weg lief, bestürmte ich ihn, wie man es bei der Rückkehr von einer weiten Reise tut, mit tausend kleinen Fragen. Er aber hatte zu allem anderen nichts zu sagen, erzählte jedoch, dein hochberühmter Bruder, zu dem ich vor allem hineilte, habe sich ohne mich nach Rom aufgemacht. Da ich dies gehört, flaute die Begierde zu fragen und heimzukehren ab. So habe ich nun vor, hier abzuwarten, bis die Sommerhitze ebenfalls abgeflaut ist, die ich bisher nicht gefühlt habe, und bis mich die Ruhe wieder frisch macht. Denn erst, da er dies gesagt, habe ich gemerkt, wie müde ich bin. Keine Ermüdung ist größer als die des Geistes. Wenn mich daher ein Überdruß vor weiterer Wanderung überkommen sollte, so soll mir die Rhone zur Fähre werden. Damit du aber inzwischen weißt, wo ich bin, hat es mich nicht gereut, dir dies mit diesem eilenden Boten zuzusenden.

Über deinen Bruder, der mir einst Führer war, jetzt aber – vergib dem Schmerze – mir fahnenflüchtig geworden ist, glaubte ich nirgend anderwärts Klage erheben zu sollen als bei ihm selbst. Veranlasse doch bitte, daß diese Klage ihm so schnell wie möglich zukommt. Lebe wohl, unser eingedenk, du Leuchte des Vaterlandes, unsere Zier.

Zu Lyon, am 9. August [1333]

An Francesco Dionigi
von Borgo San Sepolcro in Paris

Die Besteigung des Mont Ventoux.

Den höchsten Berg dieser Gegend, den man nicht unverdientermaßen Ventosus, den Windigen nennt, habe ich am heutigen Tage bestiegen. Dabei trieb mich einzig die Begierde, die ungewöhnliche Höhe dieses Flecks Erde durch Augenschein kennenzulernen. Viele Jahre lang hatte dieses Unternehmen mir im Sinne gelegen; habe ich doch in der hiesigen Gegend, wie du weißt, seit meiner Kindheit geweilt, wie eben das Schicksal die menschlichen Dinge fügt. Dieser Berg aber, der von allen Seiten weithin sichtbar ist, steht mir fast immer vor Augen.

Nun aber faßte ich den Entschluß, endlich einmal auzuführen, was ich täglich hatte ausführen wollen, besonders nachdem mir tags zuvor, als ich römische Geschichte beim Livius nachlas, zufällig jene Stelle vor Augen gekommen war, wo Philipp der Macedonierkönig – derselbe, der mit dem Römischen Volke Krieg geführt hat – den Berg Hämus in Thessalien besteigt. Denn er hatte der Fabel Glauben geschenkt, man könne von seinem Gipfel zwei Meere schauen: das Adriatische und das Schwarze Meer. Ob zu Recht oder zu Unrecht, habe ich nicht genügend ergründen können; denn die Sache wird dadurch unsicher, daß der Berg von unserer Welt so weit entfernt ist und die Schriftsteller verschiedener Meinung sind. Um deswegen nicht alle nachzuschlagen: der Kosmograph Pomponius Mela berichtet, ohne Anstand zu nehmen, daß es so sei, Titus Livius hält die Fabel für falsch. Wäre es aber für mich so leicht, jenen Berg zu erkunden, wie diesen hier, so würde ich nicht lange im Zweifel lassen, wie die Sache sich verhält.

Um übrigens jenen fernen Berg zu lassen und zu diesem zu gelangen: Mir schien für einen Jüngling ohne Anteil am Staatsleben entschuldbar zu sein, was man ja an einem greisen König nicht tadelt. Als ich aber wegen eines Begleiters mit mir zu Rate ging, erschien mir, so merkwürdig es klingt, kaum einer meiner Freunde dazu geeignet: so selten ist selbst unter teuren Freunden jener vollkommenste Zusammenklang aller Wünsche und Gewohnheiten. Der eine war mir zu saumselig, der andere zu unermüdlich, der zu langsam, jener zu rasch, der zu schwerblütig, jener zu fröhlich, der endlich zu stumpfen Sinnes, jener gescheiter als mir lieb. Beim einen schreckte mich seine Schweigsamkeit, beim anderen sein lautes Wesen, beim einen seine Schwere und Wohlbeleibtheit, beim anderen Schmächtigkeit und Körperschwäche. Beim einen machte mich kalte Gleichgültigkeit bedenklich, bei einem anderen wieder gar zu heißes Anteilnehmen. All das, so schwerwiegend es ist, erträgt man daheim – erträgt die Liebe doch alles, und vor keiner Belastung scheut sich die Freundschaft. Schwerer jedoch wird alles dies unterwegs. So wog mein empfindliches Gemüt, das auf eine anständige Vergnügung sann, umsichtig alle Einzelheiten gegeneinander ab, ohne damit irgendein Freundschaftsgefühl zu verletzen. Schweigend vielmehr verdammte es alles, wovon nur irgend vorauszusehen war, daß es auf der ins Auge gefaßten Reise lästig werden könne. Was glaubst du wohl? Schließlich wende ich mich um Beistand an den, der mir zunächst steht, und eröffne die Sache meinem jüngeren, meinem einzigen Bruder, den du ja gut kennst. Frohere Botschaft hätte er nicht hören können, und er dankte mir freudig, daß er bei mir gleichzeitig die Stelle eines Freundes und eines Bruders hätte.

Am festgesetzten Tage gingen wir fort von Haus und kamen gegen Abend nach Malaucène – das ist ein Ort am Fuße des Berges, nach Norden gewandt. Wir verweilten dort einen Tag und bestiegen heute endlich, jeder mit einem

Bedienten, den Berg, nicht ohne viel Beschwerde. Er ist nämlich eine jäh abstürzende, fast unersteigliche Felsmasse. Indessen gut hat der Dichter gesagt: *Verwegnes Mühen alles zwingt.*

Ein langer Tag, schmeichelnde Luft, Lebensfeuer der Gemüter, Kraft und Gewandtheit der Leiber und was es sonst dergleichen geben mag, stand uns beim Wandern zur Seite; einzig widerstand uns die Natur des Ortes. Einen uralten Hirten trafen wir an den Hängen des Berges, der sich mit viel Worten bemühte, uns von der Besteigung abzubringen. Dieser sagte, er habe vor 50 Jahren in ebensolchem Ansturme jugendlichen Feuers den höchsten Gipfel erstiegen, indessen nichts von da heimgebracht als Reue und Mühe und von Felskanten und spitzem Dorngestrüpp zerrissenen Leib und Rock, und es sei weder vor noch nach jener Zeit je bei ihnen davon gehört worden, daß irgendwer Ähnliches gewagt habe. Da jener dies uns zuschrie, wuchs uns am Verbote das Verlangen – denn jugendliche Herzen schenken ja Warnern nur ungern Glauben. Infolgedessen ging der Greis, als er sah, daß er sich vergebens mühe, etwas mit vorwärts und wies uns zwischen den Felsen einen steilen Pfad mit dem Finger, wobei er vielerlei zu erinnern wußte und viel hinter uns her seufzte, als wir schon davongegangen waren.

Wir lassen bei ihm all das zurück, was irgend an Kleidungsstücken oder sonstiger Ausrüstung hinderlich sein könnte, schicken uns einzig und allein zur Besteigung an und klettern munter los. Aber wie es meist geschieht, folgt dem ungeheuren Unterfangen geschwind die Ermattung. Wir halten also nicht weit von dort auf einem Felsen sogleich wieder an. Von da brechen wir von neuem auf und rücken weiter vor, aber schon langsamer. Und besonders ich legte den Weg am Berghang mit schon bescheideneren Schritten zurück. Mein Bruder strebte freilich auf einem Abkürzungspfade gerades- wegs auf das Bergjoch zu zur Höhe, ich dagegen, der ich weichlicher bin, wendete mich nach unten. Als er mich zurückrief und mir den richtigeren Weg wies, gab ich zur Antwort, ich hoffte, auf der anderen Seite einen leichteren Anstieg zu finden, und scheute den längeren Weg nicht, da ich auf ihm glatter vorwärts schreiten könne. Mit dieser Entschuldigung wollte ich meine Feigheit beschönigen, und als die andern schon die Höhe hielten, irrte ich durch die Täler, während nirgendwo sich ein gelinderer Anstieg eröffnete, vielmehr der Weg sich streckte, und zugleich die unnütze Mühe sich verschlimmerte.

Erst als ich vom Überdruß erschöpft war und mich mein Irrtum reute, beschloß ich, geradeswegs die Höhe zu erklimmen. So holte ich den wartenden und durch langes Ausruhen erfrischten Bruder ermattet und ärgerlich ein, und wir zogen nun etliche Zeit gleichen Schrittes weiter. Kaum daß wir aber jenen Hügel hinter uns gelassen, siehe, da lasse ich mich wiederum nach unten drängen und gedenke nicht mehr des Umwegs von vorhin, und wiederum gerate ich beim Durchwandern der Talgründe, während ich einen Weg von bequemer Länge suche, auf einen langen, unbequemen Weg. Allerdings schob ich so die Last des Steigens auf, aber durch Menschengeist wird die Natur der Dinge nicht aufgehoben, und es kann nun einmal nicht geschehen, daß irgendein körperliches Wesen durch Hinabsteigen zur Höhe gelangt.

Doch wozu viele Worte! So erging es mir zu meiner Entrüstung mindestens dreimal innerhalb weniger Stunden, und mein Bruder lachte darob nicht wenig. So hatte ich mich denn, oft enttäuscht, in einem Tal niedergelassen. Dort schwang ich mich auf Gedankenflügeln vom Körperlichen zum Unkörperlichen hinüber und wies mich selbst etwa mit den folgenden Worten zurecht: »Was du heute so oft bei Besteigung dieses Berges hast erfahren müssen, wisse, genau das tritt an dich und an viele heran, die da Zutritt suchen zum seligen Leben. Aber es wird deswegen nicht leicht von den Menschen richtig gewogen, weil die Bewegungen des Körpers zutage liegen, die der Seele jedoch unsichtbar sind und verborgen. Wohl aber liegt das Leben, das wir das selige nennen, auf hohem Gipfel, und ein schmaler Pfad, so sagt man, führt zu ihm empor. Es steigen auch viele Hügel zwischendurch auf, und von Tugend zu Tugend muß man weiterschreiten mit erhabenen Schritten. Auf dem Gipfel ist das Ende aller Dinge und des Weges Ziel, darauf unsere Pilgerfahrt gerichtet ist. Dorthin gelangen wollen zwar alle, aber, wie Ovid sagt: *Wollen, das reicht nicht aus, Verlangen erst führt dich zum Ziele.* Du allerdings – wenn du dich nicht hierin wie in vielen Dingen täuschst –, du willst nicht bloß, du verlangst auch. Was hält dich also ab? Doch wahrhaftig nichts weiter, als daß der Weg durch die irdischen und allerniedrigsten Gelüste ebener ist und, wie es auf den ersten Blick scheinen möchte, bequemer. Gleichwohl mußt du nach langer Irrfahrt unter der Last des zum Unheil aufgeschobenen Weges hinansteigen zum Gipfel des seligen Lebens selber oder in den Talgründen deiner Sünden säumig erliegen; und wenn dich dort – was nur heraufzubeschwören mir graut – *Finsternis und Schatten* des Todes finden, so mußt du die ewige Nacht unter beständigen Qualen verbringen.«

Es ist nicht zu glauben, wie sehr diese Überlegung mir zu dem, was noch zu tun verblieb, Geist und Körper aufrichtete. Ach könnte ich doch ebenso mit dem Geist jene Wanderung vollführen, nach der ich Tag und Nacht schmachte, wie ich nach endlich überwundenen Schwierigkeiten die heutige Wanderung mit leiblichen Füßen vollführt habe! Aber bei weitem leichter müßte doch wohl jene Wanderung sein, die durch die bewegliche unsterbliche Seele selbst ohne jede Fortbewegung *im Nu des Augenwinks* geschehen kann, als diese, die im zeitlichen Verlauf durch den Dienst des sterblichen und hinfälligen Körpers und unter der schweren Last der Glieder ausgeführt werden muß.

Ein Gipfel ist da, der höchste von allen, den nennen die Waldleute »das Söhnlein« – warum, weiß ich nicht. Ich vermute aber, daß es wie manches andere nach dem Prinzip des Gegensatzes gesagt wird; denn in Wahrheit scheint er aller benachbarten Berge Vater zu sein. Auf seinem Scheitel ist eine kleine Hochfläche. Dort ließen wir uns ermüdet endlich zur Ruhe nieder.

Und da du nun gehört hast, was für Sorgen beim Aufsteigen mir ins Herz emporgestiegen sind, so höre, mein Vater, auch das übrige, und wende eine von deinen Stunden daran, die Taten eines meiner Tage nachzulesen.

Zuerst stand ich, durch einen ungewohnten Hauch der Luft und durch einen ganz freien Rundblick bewegt, einem Betäubten gleich. Ich schaute zurück nach unten: Wolken lagerten zu meinen Füßen, und schon sind mir Athos und Olymp minder unglaublich geworden, da ich das, was ich über sie gelesen und gehört, auf einem Berge von geringerem Rufe zu sehen bekomme. Ich richte nunmehr meine Augen nach der Seite, wo Italien liegt, nach dort, wohin mein Geist sich so sehr gezogen fühlt. Die Alpen selber – eisstarrend und schneebedeckt –, über die einst der wilde Feind des Römernamens hinüberzog, der, wenn wir dem Gerücht Glauben schenken wollen, die Felsen mit Essig sprengte – sie erschienen mir greifbar nahe, obwohl sie durch einen weiten Zwischenraum getrennt sind. Ich seufzte, ich gestehe es, nach italischer Luft, die mehr vor dem Geist als vor den Augen erstand, und ein nicht zu erstickender, glühender Drang beseelte mich, so Freund als Vaterland wiederzusehen; so jedoch, daß ich zuerst an beiden Regungen ihre noch unmännliche Weiblichkeit tadelte, obwohl mir für keine eine Entschuldigung fehlen würde. Sie könnte sich ja auf berühmte Zeugen als Beistand stützen.

Dann ergriff eine andere Überlegung Besitz von meinem Geist und brachte mich von der Betrachtung des Raumes auf die der Zeit. Ich sagte nämlich zu mir selbst: »Heute erfüllt sich das zehnte Jahr, seit du nach Abschluß der kindlichen Studien aus Bologna auszogst, und – o unsterblicher Gott! o unwandelbare Weisheit! – wie vielen und wie großen Wandel

deiner Sitten hat doch die Zwischenzeit gesehen!« Dabei
übergehe ich, was noch unabgeschlossen ist. Denn noch
bin ich nicht im Hafen, daß ich in Sicherheit vergangener
Stürme gedenken dürfte. Vielleicht wird die Zeit einmal
kommen, wo ich alles in genau der Folge, in der es sich
abgespielt, erzählen kann, und zwar mit folgenden Worten
deines Augustin als Vorrede: *Vergegenwärtigen will ich mir
meine vergangenen Abscheulichkeiten und meiner Seele fleisch-
liche Verderbnis, nicht als ob ich diese liebte, sondern auf daß ich dich
liebe, mein Gott.*

Mir bleibt allerdings noch viel Zweifelhaftes, Beschwerli-
ches zu tun. Was ich zu lieben pflegte, schon liebe ich es nicht
mehr. Doch – ich lüge ja: ich liebe, aber minder heftig. –
Schon wieder habe ich gelogen: ich liebe, aber bescheidener
und zugleich trauriger. Nun endlich habe ich die Wahrheit
gesagt. Denn so ist es: ich liebe, aber das, was ich lieber nicht
liebte, das, was ich zu hassen wünschte. Und dennoch liebe
ich, aber wider Willen, gezwungen, betrübt und voll Trauer,
und an mir selbst erprobe ich Armer den Sinn jenes so
berühmten Sprüchleins: *Hassen – soweit ich kann, sonst liebe ich
wider Willen.* Es ist noch nicht das dritte Jahr verflossen, seit
sich jenem verkehrten und nichtsnutzigen Willen, der mich
ganz besaß und der im Palaste meines Herzens ohne Widersa-
cher herrschte, ein anderer Wille als Aufrührer und Rebell
entgegengestellt hat. Zwischen diesen beiden wird auf dem
Schlachtfeld meiner Gedanken schon lange eine höchst müh-
selige und auch jetzt noch unentschiedene Schlacht geschlagen, darüber, wer herrschen soll von den beiden Menschen in
mir.

So trieb es mich in Gedanken durch das vollendete Jahrzehnt. Da ließ ich meine Sorgen ums Vergangene fahren und
befragte mich selbst: »Wenn es dir vielleicht gelingen sollte,
durch zwei fernere Lustren dies unstete flüchtige Leben weiter zu führen und im Verhältnis zur Zeitdauer ebensoviel zur
Tugend fortzuschreiten, wie du in diesen zwei Jahren durch

das Anstürmen des neuen Willens gegen den alten von der ursprünglichen Verstocktheit losgekommen bist, könntest du dann nicht, wenn auch nicht gesichert, so doch in Hoffnung, im vierzigsten Lebensjahre dem Tode entgegengehen und den Überschuß des ins Greisenalter hinabsteigenden Lebens leichten Herzens preisgeben?«

Diese und ähnliche Betrachtungen, mein Vater, kehrten in meiner Brust immer wieder. Ich freute mich über meinen Fortschritt, beweinte, was ich noch unvollendet gelassen, und bejammerte die allgemeine Wandelbarkeit des menschlichen Tuns; und so schien ich gewissermaßen vergessen zu haben, an welch einen Ort ich gekommen sei und zu welchem Zweck. Endlich aber verabschiedete ich meine Sorgen, für die ja ein anderer Ort passender sein mochte, schaute um mich und sah nun wirklich das, was zu sehen ich hergekommen war. Man mahnte mich, die Zeit dränge zum Abmarsche, denn schon neige sich die Sonne und der Bergesschatten wachse in die Länge, und nun wandte ich mich, gleichsam erwacht, um und blickte zurück gen Westen.

Der Grenzwall der gallischen Lande und Hispaniens, der Grat des Pyrenäengebirges, ist von dort nicht zu sehen, nicht daß meines Wissens irgendein Hindernis dazwischenträte – nein, nur infolge der Gebrechlichkeit des menschlichen Sehvermögens. Hingegen sah ich sehr klar zur Rechten die Gebirge der Provinz von Lyon, zur Linken sogar den Golf von Marseille, und den, der gegen Aigues-Mortes brandet, wo doch all dies einige Tagereisen entfernt ist. Die Rhone lag mir geradezu vor Augen. Dieweil ich dieses eins ums andere bestaunte und jetzt Irdisches genoß, dann nach dem Beispiel des Leibes auch die Seele zum Höheren erhob, schien mir gut, in das Buch der Bekenntnisse des Augustin hineinzusehen, eine Gabe, die ich deiner Liebe verdanke und die ich bewahre, zum Gedenken an den Urheber wie an den Geber, und die ich stets in Händen habe.

Das faustfüllende Bändchen allerwinzigsten Formats, aber

unbegrenzter Süße voll, öffne ich, um zu lesen, was mir entgegentreten würde. Was anderes als Frommes und Demütiges konnte mir wohl entgegentreten? Zufällig aber bot sich mir das zehnte Buch dieses Werkes dar. Mein Bruder stand in der Erwartung, aus meinem Munde etwas von Augustin zu hören, mit weit geöffneten Ohren da. Ich rufe Gott zu Zeugen an und ihn eben, der dabei war, daß dort, wo ich die Augen zuerst hinheftete, geschrieben stand: *Und es gehen die Menschen, zu bestaunen die Gipfel der Berge und die ungeheuren Fluten des Meeres und die weit dahinfließenden Ströme und den Saum des Ozeans und die Kreisbahnen der Gestirne, und haben nicht acht ihrer selbst.*

Ich war wie betäubt, ich gestehe es, und ich bat meinen Bruder, der weiter zu hören begierig war, mir nicht lästig zu fallen, und schloß das Buch im Zorne mit mir selbst darüber, daß ich noch jetzt Irdisches bewunderte. Hätte ich doch schon zuvor – selbst von den Philosophen der Heiden – lernen müssen, daß nichts bewundernswert ist außer der Seele: Neben ihrer Größe ist nichts groß. Da beschied ich mich, genug von dem Berge gesehen zu haben, und wandte das innere Auge auf mich selbst, und von Stund an hat niemand mich reden hören, bis wir unten ankamen. Genügend Beschäftigung hatte mir jenes Wort gebracht, und ich konnte nicht glauben, daß dies sich zufällig so gefügt hätte – nein, das dort Gelesene, glaubte ich, sei für mich und für niemanden anderen gesagt. Ich rief mir dabei ins Gedächtnis zurück, daß genau das gleiche einst Augustin betreffs seiner selbst vermutet hätte, als ihm nämlich bei der Lektüre der Apostelbriefe, wie er selbst berichtet, folgendes entgegentrat: *Nicht in Fressen und Saufen, nicht in Kammern und Unzucht, nicht in Hader und Neid; sondern ziehet an den Herrn Jesus Christus und wartet des Leibes, doch also, daß er nicht geil werde.*

Dasselbe war ja schon vorher einmal, wie sein Biograph Athanasius berichtet, dem Antonius geschehen, der sich dem Dienst des Herrn weihte, als er das Evangelium gehört hatte, gleichsam als sei seinetwegen die Schrift verlesen worden, die Stelle nämlich, an der geschrieben steht: *Willst du vollkommen sein, so gehe hin, verkaufe, was du hast, und gib's den Armen, so wirst du einen Schatz im Himmel haben.*

Und wie Antonius, nachdem er dies gehört hatte, nach nichts anderem mehr suchte, und wie Augustin, nachdem er jenes gelesen, nicht mehr weiter fortfuhr, so war auch für mich mit den wenigen Worten, die ich eben angeführt habe, das Lesen schon ganz erledigt, und schweigend bedachte ich, wie groß der Mangel an Einsicht bei den Sterblichen sei, so daß sie unter Nichtachtung ihres edelsten Teils sich im Vielerlei verlieren und in leeren Schauspielen sich verzetteln und außerhalb suchen, was innen zu finden gewesen wäre. Und ich bewunderte, wie adlig unsere Seele sei, wenn sie nicht aus eigenem Antriebe entartet, abgeirrt wäre von dem Uranfange ihrer Herkunft, und wenn sie nicht das, was Gott ihr zu ihrer Ehre gegeben hat, selbst in Schmach verwandelt hätte.

Wie oft, glaubst du, habe ich an diesem denkwürdigen Tage, auf dem Rückwege umblickend, den Gipfel des Berges betrachtet, und er schien mir kaum die Höhe einer Elle zu haben gegenüber der Höhe menschlicher Betrachtung, wollte man sie nur nicht in den Schmutz der irdischen Abscheulichkeit versenken. Und auch das kam mir Schritt für Schritt in den Sinn: Wenn es einen nicht reut, soviel Schweiß und Mühe auf sich zu nehmen, damit der Leib, ein klein weniges dem Himmel näher komme, welches Kreuz, welche Kerkerqual, welcher Marterstahl dürfte dann die Seele schrecken, die da Gott sich naht und die dabei die aufgeschwollene Bergeskuppe der Überhebung und die Geschicke der Sterblichkeit unter die Füße tritt? Und auch dies: Wie vielen wird es dann überhaupt beschieden sein, daß sie von dieser Straße aus Furcht vor Hartem oder aus Gier nach Weichem nicht abschweifen? O, überglücklich ist ein solcher Mensch – wenn es jemals einen gibt. Von ihm, glaube ich, hat es der Dichter empfunden:

Glücklich, wer den Grund der Dinge durfte erkennen,
Wer die Schrecken des Tods und das unerbittliche Schicksal
Seinem Fuß unterwarf – und des geizigen Acheron Toben!

Ach, mit welch einem Eifer müßten wir uns mühen, nicht um eine Höhe der Erde unter den Fuß zu bekommen, sondern die von irdischen Trieben geblähten Begierden!

Unter solchen Bewegungen der aufgewühlten Brust gelangte ich in tiefer Nacht, ohne vom steinigen Weg etwas zu fühlen, zurück zu der bäuerlichen Herberge, von wo ich vor Tageslicht aufgebrochen; und die mondhelle Nacht gewährte uns beim Gehen willkommenen Beistand. Inzwischen begab ich mich also, dieweil die Sorge um die Bereitung des Mahles die Dienerschaft beschäftigte, allein in einen abgelegenen Teil des Hauses, um dir dies hier in Eile und aus dem Stegreif zu schreiben, damit nicht, wenn ich es aufschöbe, durch Ortsveränderung etwa die Gemütsbewegung sich wandele und so der Vorsatz zum Schreiben verbrause.

Siehe also, liebevollster Vater, wie ich so ganz und gar nichts in mir vor deinen Augen verborgen wissen will, da ich dir nicht nur mein ganzes Leben, nein jeden einzelnen Gedanken so sorgfältig eröffne. Für diese Gedanken bete – ich flehe dich an –: da sie so lange unstet und unbeständig waren, möchten sie endlich einmal verweilen, und da sie so viel unnütz umhergeschleudert worden sind, möchten sie nun zu dem einen Guten, Wahren, Sicheren, Dauernden kehren.

Lebe wohl.

Am 26. April zu Malaucène [1336]

An den Kardinal Colonna in Avignon

Einladung zur Dichterkrönung.

Ich stehe an zweifelsvollem Scheidewege und weiß nicht, wohin ich mich am ehesten wenden soll. Wundersam und doch kurz ist die Geschichte: Am heutigen Tage, ungefähr zur dritten Stunde, wurde mir ein Brief des Senats überbracht, in dem ich sehr eindringlich und mit vielen überzeugenden Worten nach Rom berufen werde, den poetischen Lorbeer zu empfangen. An ebendemselben Tage gegen die zehnte Stunde kommt mir briefliche Botschaft wegen derselben Angelegenheit von dem hochangesehenen Manne, Robert, dem Kanzler der Pariser Universität, meinem Mitbürger, der mir und allem, was mein ist, ein sehr guter Freund ist. Dieser ermahnt mich mit ausgesuchtesten Gründen, nach Paris zu gehen.

Wer hätte je, ich bitte dich, hier zwischen diesen Felsen geahnt, daß so etwas eintreten könnte? Da die Sache wirklich fast schon unglaublich erscheint, habe ich beide Briefe mit unverletzten Siegeln zu dir geschickt. Der eine ruft nach Osten, der andere nach Westen. Du wirst sehen, mit was für kräftigen Argumenten ich hierhin wie dorthin gedrängt werde. Nun weiß ich allerdings, daß fast allen menschlichen Dingen nichts Beständiges innewohnt: wenn ich mich nicht irre, lassen wir uns beim größten Teil unserer Sorgen und Handlungen von Schatten betrügen. Ein jugendlicher Geist ist jedoch an sich schon mehr auf Ruhm als auf Tugend erpicht, und du gestattest mir ja die Kühnheit, im vertrauten Gespräch mit dir mich selbst zu rühmen. Warum sollte ich da den Fall nicht für ebenso ruhmvoll für mich halten, wie einst der mächtigste König Afrikas, Syphax, es für sich als ruhmvoll empfand, daß ihm zu ein und derselben Zeit die Freundschaft der beiden größten Städte der ganzen Welt, nämlich

Roms und Karthagos, angetragen wurde? Ihm wurde dies freilich wegen seiner Königsmacht und seiner Schätze zuteil, mir – um meiner selbst willen. Ihn trafen daher die Bittgesandtschaften an, wie er von Gold und Edelsteinen umgeben auf einem prachtvollen Throne saß und von bewaffneten Trabanten umringt war. Die mich baten, fanden mich am Morgen auf einsamem Spaziergang im Walde, am Abend aber in den Wiesen an den Ufern der Sorgue. Mir trägt man Ehren an, von jenem verlangte man Hilfe.

Nun ist aber Freude wohlerwogenem Entschluß feindlich, und ich bin, wie ich gestehen muß, ebenso froh über das Ereignis wie schwankend im Gemüte. Hierhin drängt mich die Freude über die Neuheit, dorthin die Ehrfurcht vor dem Altertum, hierhin der Freund, dorthin das Vaterland. Eins gibt der einen Waagschale das Übergewicht, daß in Italien der sizilische König lebt, den ich von allen Sterblichen am ruhigsten im Gemüt als Richter über mein Ingenium dulden kann.

Du siehst meine Sorgen in wogender Flut. Du hast dich nicht geschämt, Hand ans Steuer zu legen, um sie zu lenken; du wirst nun auch meinen schwankenden Geist mit deinem Rate leiten.

Lebe wohl.

An der Quelle der Sorgue, am 1. September [1340] gegen Abend

An Barbato von Sulmona in Neapel

Petrarca berichtet dem Freunde über seine Dichterkrönung.

An den Iden des April im Jahre Eintausend Dreihundert und Einundvierzig dieses letzten Zeitalters hat auf dem Kapitol zu Rom unter großem Zulauf und gewaltigem Jubel des Volkes stattgefunden, was neulich der König in Neapel mir zuerkannt hat. Der Senator Orso, der Graf von Anguillara, ein Mann von erlauchtem Geiste, hat mich, da ich durch des Königs Urteil für würdig befunden war, mit den Zweigen des Lorbeers geziert. Die Hand des Königs war wohl fern, nicht aber seine Autorität und Majestät; nicht nur mir allein, vielmehr allen waren diese gegenwärtig. Fern waren wohl deine Augen und Ohren, doch deine Seele ist ja beständig mit mir. Fern war der edle Johannes, der vom König gesandt war und mit wunderbarem Eifer herbeieilte, bei Anagni aber in einen Hinterhalt der Herniker geriet. Zu meiner Freude ist er diesem entronnen, wenn er auch nicht zur Zeit da war, so sehr er erwartet wurde.

Daß das übrige weit über alles Hoffen und Vertrauen glücklich vonstatten ging, wird dir bereits bekannt sein. Ich sollte jedoch durch eine ganz frische Erfahrung erkennen, wie nahe Frohes stets mit Traurigem verbunden ist: kaum waren wir, ich und alle die, welche mir zu Wasser und zu Lande gefolgt waren, aus den Mauern der Stadt gezogen, als wir auf eine Schar bewaffneter Räuber stießen. Es würde nun eine lange Geschichte sein, wollte ich versuchen darzulegen, wie wir aus ihren Händen befreit wurden und nach Rom zurückkehren mußten, was darob im Volke für eine Aufregung entstand, wie wir am folgenden Tage, gesichert durch einen stärkeren Schutz von Bewaffneten, abreisten, und was sich sonst auf dem Wege ereignete. Alles wirst du daher von dem Überbringer dieses Briefes erfahren.

Lebe wohl. Zu Pisa, am 30. April [1341]

An Socrates in Avignon

Nach dem Verlust vieler Freunde, die ihm die Pest und anderes Unheil geraubt hat, sucht Petrarca den Jugendfreund zu bewegen, zu ihm nach Italien zu gemeinsamem Leben herüberzuziehen. In den Katalog seiner Allergetreuesten, den dieser Brief für ihn bedeutete, hat er später noch Francesco Nelli und Giovanni Boccaccio eingefügt, Freunde, die er erst im Herbst 1350 kennengelernt hat.

Endlich habe ich mein Schluchzen unterdrückt, endlich habe ich meine Seufzer und die Stürme meines Herzens bewältigt, und nun erst kann ich mit ungebrochener Stimme und trockenen Auges zu dir sprechen. Du wirst mich hören, als hörtest du einen Menschen, der, dem Schiffbruch entronnen, von Wehklagen erschöpft am Ufer sitzt, der zwar noch in Trauer verstrickt ist, aber schon Herr seiner Tränen, und der die geringen Reste eines großen Besitzes überzählt. Nicht von den so lieblichen und reichen Schätzen der Freundschaft will ich reden – schien ich mir doch einst, da ich sie in höchstem Überflusse besaß, reicher zu sein als die Könige und Herrscher der Welt. Jetzt aber bin ich plötzlich bettelarm geworden. Unerträglich ist jedoch, wer über verminderte Freuden klagt. So will ich vielmehr von des Lebens unentbehrlichen Stützen sprechen, die mein Eigentum zu sein schienen und es doch nicht waren.

Zwei Brüder hatte mir die Mutter geboren, mehr noch die Freundschaft. Von den leiblichen Brüdern entraffte mir den einen der Tod, da er noch ein Säugling war, den zweiten entriß mir die Kartause, als er schon im Mannesalter stand. Doch nein – nicht mir, der Welt entführte sie ihn, vielmehr sie gab ihn Gott zurück, unseren Gherardo, der in nichts, o du mein einzigster Bruder, als zweiter hinter dir zurücksteht und der auch mir nicht näher in Liebe verbunden ist als dir. Von allen übrigen will ich nun schweigen: Nicht übergehen kann ich jedoch jene beiden, die mir kürzlich Ursache wurden, zu weinen und zu klagen. Den einen birgt der Apennin im Tode, den anderen verbirgt ein unsicheres Schreckensgerücht, und des einen Tod ist gewiß, der des anderen ungewiß. Und auch die übrigen vier kann ich nicht übergehen: Thomas und Barbatus, Laelius und unseren Guido. Den ersten schenkte mir Messina auf Sizilien, den zweiten Sulmo in Bruttium, den dritten Rom, den vierten die Gestade von Luni. Doch den ersten entriß mir der Tod in zartem Jünglingsalter, den zweiten der Ehe zähes Band, den dritten Sorge um den Staat, den vierten endlich sein Amt bei der Kurie und sein Eifer in seinem Kanzleiposten. Außer diesen waren mir noch zwei andere beschert, die an hoher Begabung und Freundschaftsruhm keinem zu weichen brauchen: Franciscus und Johannes, beide meine Landsleute, ein Paar *von feinstem Schliff,* an Wissenschaft und edler Sitte. Diese hat mir die Vaterstadt geraubt, die sie mir selbst erst gegeben. Denn so fest sind sie dort verwurzelt und so sehr sind sie von ihrer süßen Heimatscholle in Bann geschlagen, daß ich wirklich nicht hoffen kann, außerhalb der Mauern der Vaterstadt ein Zusammenleben mit ihnen zu erreichen, so viele und so große Pfänder ihrer Liebe ich auch von ihnen besitze.

Täusche ich mich aber nicht, so mußt du es selbst sehen: Wenn ich von Freunden spreche, die ganz gleichen Sinnes sind und mit denen es leicht und süß ist zusammen zu sein — so kommt jetzt die ganze große Sache in Wahrheit nur noch auf dich allein heraus. Dich aber, mein Socrates, dich einzig und allein – mit Staunen wird es die Nachwelt hören – hat mir nicht ausonisches Land geschenkt, wie die übrigen Freunde, sondern Annaea in Campinien, das unfruchtbar ist an Gütern der Ceres, des Bacchus und der Minerva, fruchtbar jedoch an tüchtigen Männern. Es soll aber nicht etwa ein ungebildeter Leser glauben, ich meinte Campanien – Campinien meine ich, den kleinen Streifen Landes in Niederdeutschland, wie es heute beim Volk heißt, oder mit anderem Namen das äußerste Stück des belgischen Gallien, das zwischen dem linken

Rheinufer und Holland und Brabant liegt. Es gab dich mir dein ärmliches Heimatland, um mit einem reichen Ingenium zu prunken, und damit die Natur auf ihr Recht pochen könnte, aus jedem beliebigen Schlamme, in jedem beliebigen Klima große Geister zu erschaffen. Dieses also hat dich mir als einen solchen Mann geboren und ans Licht gesandt, gerade zu derselben Zeit, als fern in einer anderen Gegend der Welt auch ich geboren wurde. Hat dich aber dein Ursprung zum Fremdling gemacht, so hat dich die Zartheit deiner Seele und der lang andauernde Umgang, vor allem jedoch die Liebe zu mir, in hohem Grade zum Italiker werden lassen. Es ist wunderbar, wie groß bei so fern von einander Geborenen die Nähe von Herz und Gemüt, die Paarung des Willens ist, und zwanzig Jahre legen nun schon beredtes Zeugnis dafür ab.

Deinen Namen aber hast du von der ernsten Würde und von der Liebenswürdigkeit deiner Sitten erhalten. Und obwohl die Musik, in der du herrschst, gewollt hatte, du solltest Aristoxenus heißen, so siegte doch die Ansicht der Freunde, daß du unser Socrates genannt werden solltest. Hieran zu erinnern war angenehm, nicht so sehr für dich, als für mich und für andere.

Jetzt aber trachtet das mißgünstige Geschick danach, dich, der du nun fast einziger Trost und einziges Labsal meines mühebeladenen Lebens bist, mir durch die Schranke der Alpen zu entreißen. Wenn es das ausführt, bin ich allein! Dulde dies nicht – bei allen Himmlischen, beschwöre ich dich –, sondern gewähre mir, ich bitte dich, die ganze Schärfe deines Geistes. Gar zu sehr werden wir auseinandergerissen durch räumliche und zeitliche Entfernung, und wir verlieren so den einzigen höchsten Gewinn im Glück und den einzigen letzten Trost im Unglück: daß wir zusammen leben dürfen.

Über dieses Thema habe ich vormals viel unserem Olympius geschrieben, aber, wie ich fürchte, vergeblich. Viel darüber habe ich auch oftmals dir gesagt und dir geschrieben.

Und da ich darauf baue, daß es in deinem Gedächtnis haftet, mag es genügen, es mit wenigen Worten wieder zu erwecken und aufzufrischen. So ermahne ich dich nun, dich allein, den ich sonst mit anderen zusammen zu Rate zu ziehen pflegte: halte du nun Rat. Sei du Fürsprech und Gegenanwalt, sei Geschworener und Richter zugleich, und ich will dir gern gehorchen. Du weißt, zwei Wohnsitze stehen uns in Italien bereit; gefällt dir keiner von beiden, so überlege es dir, wo wir am bequemsten sein könnten, laß aber ja keine Neigung dabei dein Urteil trüben. Nirgends bin ich so verwurzelt, daß mich die sanfte Hand treuer Liebe nicht herausreißen könnte; um so sorgfältiger mußt du – täusche ich mich nicht – die Sache erwägen. Siehe zu, ob es nicht einen Weg gibt, die getrennten Freunde wieder zu vereinigen. Gibt es aber keinen, so bitte ich dich, befreie endlich mich und auch dich von dieser Qual und gewähre mir, was uns kein Gestirn versagen kann, daß ich dich in deinen Briefen zu sehen bekomme. Denn du siehst mich so häufig in meinen Briefen, daß ich dir schon überdrüssig werden könnte – aber liebende Freundschaft überwindet alles!

Lebe wohl!

Am 12. März [1350] zu Verona

An Kaiser Karl IV. in Prag

Mahnung, nach Rom zu kommen, seinen Thron einzunehmen und Italien aus dem Zustand der Zerrissenheit zu helfen.

Daß deine kaiserlichen Schriftzeichen ungefähr drei Jahre erst, nachdem sie von dir abgegangen, zu mir gelangt sind, wird dich wundern. Es ist aber so. Denn schon sind nicht nur dir allein und deinen Legionen, sondern sogar deinen Boten und deinen Briefen, mein Kaiser, die Alpen unübersteiglich.

So heftig ich dies bedaure, so freue ich mich, ich gestehe es offen, und ich beglückwünsche mich insgeheim, daß es nicht etwa deshalb geschieht, weil ich geschwiegen hätte. Denn ich habe gerufen, aber vergeblich, und auf zwei Briefe hin bin ich nicht erhört worden. Mag ihr Stil für deine Ohren zu ungekämmt sein, wahrhaft ist doch ihre Meinung und die Treue des Schreibers ist rein, und die ganze römische Welt wird es bezeugen: damals war die günstigste Zeit zum Handeln. Ich rufe auch jetzt, und ob ich es mit oder ohne Erfolg für dich tue, magst du selbst zusehen. Mir wird nichts erfolglos getan sein, was ich in Treuen tue; denn wenn es auch anderen nicht nützen wird, so wird es mir nützlich sein, meiner Pflicht genügt und das erfüllt zu haben, was ich muß. Ja, ich habe doch auch einen ungeheuren Lohn für meine Liebe erhalten, einen Lohn, wie ich ihn größer nicht unter den Menschen erhalten kann: das Zeugnis deiner Majestät, die meine Treue mit vielem Lobe überschüttet, meinen Rat allerdings nicht annimmt. Es ist mir aber lieber, daß man Treue ohne Klugheit bei mir feststellt, als Klugheit ohne Treue! Solange daher meine Treue und Ergebenheit bei dir Anerkennung findet, werde ich nicht viel nach dem Titel der Findigkeit trachten, und geruhigen Mutes werde ich es tragen, ob mein Vorschlag nun zurückgewiesen oder nur aufgeschoben wird. Ja, ich werde froh sein, und ich werde mich nicht mit Unrecht rühmen, daß du nicht nur mich, sondern alle Sterblichen, wie durch die Würde des Kaisertums, so durch die Lebhaftigkeit deines Ratschlusses übertriffst.

Ich habe geraten und ich hatte geglaubt, überzeugt zu haben, daß Schnelligkeit deinen Unternehmungen günstig sei. So eben scheint es mir, dir aber scheint es anders. Du führst den Zügel zu Lande, das Steuer auf dem Meere: nach deinem Urteile wird man sich richten. Von mir aber wird es heißen: er hat treulich gesprochen. Das ist mir genug. Klugheit mag unter denen gesucht werden, deren Beruf es ist, klug zu sein.

Werde ich aber nun nicht gehindert, mein Wort auszulegen, so habe ich dir Schnelligkeit angeraten, um die Trägheit auszumerzen, nicht um dich in das andere Extrem zu treiben. Ich wußte ja, daß Überstürzung in allen Dingen schimpflich ist, besonders schimpflich in der Verwaltung des erhabenen Reiches. Ich riet also nicht zu einer überstürzten, sondern zu einer »gereiften« Eile... »Laßt reifen«, das bedeutet weder etwas zu Schnelles, noch etwas zu Langsames, sondern etwas Gemäßigtes, das in der Mitte liegt. Ganz im Sinne dieser Auffassung mahnte der Kaiser Augustus, man solle zu einem Unternehmen zugleich aufbringen: *Im Handeln Schnelligkeit, Langsamkeit bei der umsichtigen Durchführung*, und aus diesen beiden Gegensätzen entsteht eben die Reife.

Wenn dir, mein Kaiser, mein Rat nicht gefällt, so mag dir die Treue gefallen, und sie tut es ja auch. Was aber, glaubst du, werde ich sagen? Ich habe nun einmal keinen anderen Rat zu geben, aber ich wünsche, der allmächtige Gott möge dir beistehen, was du auch erwählen wirst, und er möge dein Zögern der Welt zum Nutzen, dir zum Ruhme wenden, und wie der Psalmist sagt: *Er gebe dir, was dein Herz begehrt, und erfülle alle deine Anschläge!* Ich habe aber meiner Pflicht noch nicht genügt, solange meine Zunge nicht alles geboren hat, womit mein Herz schwanger ist. So will ich dir nun, mein Kaiser, auf deinen Brief antworten, damit du einsiehst, daß ich von meiner Meinung nicht so sehr durch die Vernunftgründe deines Briefes, als vielmehr durch deines Namens Majestät abgebracht worden bin. Wer wollte es denn auch klaren Kopfes wagen, eine eigene Meinung zu äußern gegen einen Kaiser und dies noch in Sachen der Kaiserherrschaft? Würde das Gespräch über poetische Dinge oder überhaupt über Literatur geführt, dann allerdings würde ich mir vielleicht die Freiheit herausnehmen, die sich der Dichter Accius gestattete. Denn von ihm erfahren wir, daß er sich vor Julius

Cäsar nicht zu erheben pflegte, wenn dieser in den Rat der Dichter kam, nicht aus Verachtung vor dem Fürsten, sondern im Vertrauen auf seinen eigenen Beruf. Jetzt aber, da über die Kaiserherrschaft geredet wird, würde doch nur der sich nicht vor dir erheben oder nicht dir Platz machen, der unsinnig wäre und alle Dinge vergäße! Ich rede also nicht, um dich zu widerlegen, sondern um dir ein Exercitium zu geben, nicht, um mich dir zu widersetzen, sondern, um mich dir ganz zu eröffnen und um alles zu enthüllen, was mein Herz in seinen geheimsten Winkeln verborgen hält.

Zunächst also deckst du deine Langsamkeit mit dem Schilde der »Veränderung der Zeitumstände«, die du mit vielfältigen Worten aufbauschst, so daß ich den Geist des Briefschreibers erheblich mehr bewundern und loben muß, als das Herz des Kaisers. Gibt es denn, ich bitte dich, überhaupt etwas, was irgendwann einmal nicht gewesen wäre? Oder vielmehr, was für Beschwerden erdulden wir eigentlich, die denen gleich wären, wie sie unsere Vorfahren ertragen mußten, als Brennus, als Pyrrhus, als Hannibald Italien verwüsteten? Was läßt sich da überhaupt für ein Vergleich anstellen? Daß uns alles zu einer todbringenden Wunde wird, daran ist nicht die Natur schuld, sondern unsere Weichlichkeit. Worüber unsere Urahnen lachten, darüber trauern wir und bei jedem Ansturm einer Schwierigkeit fahren wir vor Schreck zusammen und erstarren wie gelähmt. Und dabei ist kein Zeitalter und kein Volk rascher bei der Hand mit Entschuldigungen als das unsrige.

»Einst«, so sagst du, »war der Römische Staat reich.« Wer machte ihn denn reich, ich bitte dich? Doch nur die Tüchtigkeit seiner Bürger, die Pflege von Zucht und Sitte, Verehrung für Recht und Gerechtigkeit und militärische Diziplin! Was hältst du denn für die größere Tat: mitten zwischen ungebändigten Stämmen und widerstrebenden Völkern, in Wäldern und auf Hügeln voll dichtem Gestrüpp, das Reich aufgerichtet zu haben, einen in jenen Zeiten unerhörten und scheel angesehenen Namen, oder bei noch stehenden Grundfesten und während die Ehrfurcht vor diesem Namen über die ganze Welt verbreitet ist, das vor Alter zusammengebrochene Reich wieder aufzurichten? Wenn mir hier jemand mit Veränderung kommen will, so werde ich nicht auf ihn hören, oder wenn ich höre, so werde ich lachen! Glaube mir, mein Kaiser, die Welt ist dieselbe, die sie war, dieselbe Sonne, dieselben Elemente sind noch da, nur die Tugend ist geschwunden. Von Staaten und mit Gewalt zusammengebrachten Mächten sind manche gewachsen, manche geschwunden, einige sind völlig zusammengestürzt, andere wieder sind in unseren Zeiten erst erstanden. Alt ist der Wechsel in menschlichen Dingen. Was folgerst du daraus? Wiederum, so bitte ich dich, glaube mir: Lebte jenes Rom noch, von dem du deinen Titel herleitest, und lebte Cäsar noch, von dem du den Namen und, wie wir zu hoffen pflegten, den Mut hast, sie würden viel rascher die Höhe der Macht und den Gipfel der Herrschaft erklimmen! Denn damals gab es viel Widerstand, schwer war die Gefahr für die Unseren, ungeheuer die Anstrengung – jetzt ist der Pfad eben und leicht, doch der Pilger fehlt. Weichlichkeit und Trägheit regieren weit und breit, Feigheit beherrscht den Erdkreis. Vor einem bewaffneten Kaiser wird diese aber bald weichen, ja sie wird sogar für ihn mitwirken. Sollte denn nicht dein Name, von wenigen Guten und Freunden der Tugend unterstützt, imstande sein, leicht den Krieg gegen tatenlosen Luxus und waffenlosen Übermut beenden? Soll ich dir nun nicht bloß wahrscheinlich machen, sondern den Beweis erbringen, daß dem so ist, wie ich sage?

Siehe: vor ganz kurzer Zeit erhob sein Haupt einer aus dem niedrigen Volke, nicht als Römischer König, nicht als Konsul, nicht als Patrizier und kaum als wohlbekannter römischer Bürger, durch keine Titel seiner Familie, keine Bilder seiner Vorfahren, ja bis zu dieser Zeit sogar durch keine eigenen Taten berühmt, und erklärte sich zum Vorkämpfer der römischen Freiheit. Ein herrlich strahlender Beruf fürwahr für einen Menschen aus der Dunkelheit! Sogleich lieh Tuscien, wie du weißt, begierig seine Hand, sogleich nahm es seine Herrschaft an. Schon folgte allgemach ganz Italien – schon war Europa, schon der ganze Erdkreis in Bewegung. Was braucht es vieler Worte? Wir haben dies alles ja nicht bloß gelesen, wir haben es gesehen. Schon schienen Gerechtigkeit und Friede zurückgekehrt und, als ihre Begleiter, das hohe Vertrauen, die ruhige Sicherheit, die ja Zeichen des bis zum Ende der Tage währenden goldenen Zeitalters sind. Gerade im blühendsten Stande der Dinge aber ist er verdorrt. Ich will ihm keine Schuld geben, ich verdamme den Menschen nicht, ich spreche ihn auch nicht frei: ich bin nicht Richter, aber was ich zu denken habe, weiß ich. Und jener hatte den Tribunentitel angenommen, der die geringste unter den römischen Würden gewesen ist. Wenn so viel der tribuzinische Name vermocht hat, was würde da erst der Kaisername vermögen?

Wenn du es aber aufschiebst, wenn du haften bleibst und das Fliehen der Zeit nicht beachtest, das ich dir vor Augen geführt habe, so ist es vorbei: Es stürzt das Reich, verloren geht die Freiheit! Lies dies, ich bitte dich, mein Kaiser, nicht mit Ärger, mag es vielleicht auch minder süß schmecken, als du wünschen möchtest! Weißt du denn nicht, daß auf eine verhärtete Galle nur bittere Heilmittel wirken? Ich scheue mich nicht, dir die Wahrheit zu sagen. Ich weiß, du liebst die Wahrheit und haßt die Schmeicheleien: »Klug, sehr gut! Herrlich!« Das ist das Gift für Könige, der Hohn gegen Mächtige, Tod für die Fürsten und die Waffe der Betrüger.

»Aber wir wissen ja gar nicht, *was für eine Bestie die Herrschaft* ist.« Das war nun die andere Beschönigung für deine Ablehnung. Daß du diesen Ausspruch dem Augustus zuweist, wo er doch dem Tiberius gehört, nimmt mich wunder, es sei denn, daß gerade die Sorge um die Gegenwart die Erinnerung an das Altertum verdunkelt, oder daß du mit verallgemeinerndem Ausdrucke einen beliebigen Kaiser Augustus nennst, wie man ihn ja auch Cäsar nennt. Vielleicht tatest du es gar absichtlich, damit für den Ausspruch, den du zu verwenden geruhtest, die Urheberschaft bei einem hervorragenderen Gewährsmann gesucht würde. Denn du wußtest doch sehr wohl, welch ein Unterschied zwischen Augustus und Tiberius besteht. Jener war der weiseste und beste der Fürsten, dieser unsittlich und grausam und, wie es jemand passend über ihn gesagt hat: *mit Blut getränkter Schmutz.* Aber du weißt doch auch, zu welcher Zeit er dies Wort gebraucht hat, oder wenn sich bei soviel höheren Sorgen eine kleine Vergeßlichkeit bei dir eingeschlichen hat, wirst du es beim Tranquillus lesen. Er sagte es nämlich zu der Zeit, als Augustus schon den menschlichen Dingen entrückt war und er, der sehr ungleiche Nachfolger, die Herrschaft in unverschämter Weise zwar tatsächlich an sich gerissen hatte, mit zweideutigen Worten in betrügerischer und schwankender Verstellung jedoch ausschlug. Damit suchte er sich auf heuchlerische Weise den Namen der Bescheidenheit zu erwerben, derart, daß ihn schließlich jemand, da er ständig Ausflüchte machte, mit feinstem Spott ins Gesicht hinein verhöhnte: *Andere Menschen erfüllten spät ihre Zusagen, jener dagegen sage später zu, was er bereits erfüllt hätte.*

Aber sei es drum: mag es der Ausspruch eines guten Fürsten, mag es nicht mit verstelltem Herzen vorgebracht worden sein, mag sogar Augustus selbst der Autor sein. Was bedeutet das für die Sache?

Ihr wißt nicht, sagte er, *was für eine Bestie die Herrschaft ist!* Wir wissen es sogar ausnehmend gut. Eine gar mächtige Bestie ist sie, doch nimmt sie die Zügel einer klugen Hand an, eine riesige Bestie, doch ist sie lenkbar und unbändig nur, wenn sie nicht gelenkt wird. Wage es also, handle, reiße den Zügel an dich mit deiner Hand und besteige den dir gebührenden Thron! Wenn du furchtsam zauderst, wird sich ein anderer finden, der sich auf ihn setzt. *Julius Cäsar,* dessen erblichen Titel du führst, wie ich eben sagte, *bestieg ein Pferd, das bei ihm geboren war und keinen anderen im Sitz duldete, und er hatte sein Wohlgefallen an ihm;* du allein fliehst vor einem Thron, der nicht etwa nicht duldet, daß ein anderer auf ihm sitzt, auf dem vielmehr so viele Fürsten in der Vergangenheit schon gesessen haben und der begierig darauf ist, daß du dich auf ihn setzest!

»Aber alles freilich muß eher versucht werden, als das Eisen!« Dies ist von deinen Entschuldigungen die letzte, und ich weiß nicht, ob du dabei den Ausspruch des »ruhmredigen Soldaten« beim Terenz vergessen hast, der da sagt: *Alles muß man ausprobieren vor den Waffen – so ist's klug!* Denn anderes bringst du nicht zur Verteidigung deiner Meinung vor, als daß du sagst, »dies hätten die Ärzte gelehrt und die Kaiser gelernt«. Da hast du allerdings geschickt sehr Ungleiches gepaart: denn wir haben vernommen, wie Kaiser den kranken Erdkreis zu heilen pflegten. Jetzt sind sie selbst mit den übrigen krank, die kranke Welt entbehrt des Arztes und der allgemeine Tod steht vor der Tür.

Sage mir aber, mein Kaiser, was ist denn überhaupt von »allem« versucht worden? Worte, Bitten, Drohungen, Schmeicheleien, glänzende Versprechungen! Es fehlte nur noch, daß du dich als Bittflehender vor den Füßen der Feinde des Reiches wälzen würdest! Wenn das abscheulich und unwürdig ist zu hören, dann bleibt eben nur das Eisen übrig, die letzte Medizin für kranke Geschwüre! Denn was erwartest du weiter? Soll der Po zu seiner Quelle zurückfließen? Er wird laufen, wie er gewohnt ist, und mit dem Flusse werden die Jahre verfließen, und du hörst es nicht zum ersten Male von mir: die Jugend wird abgelöst werden vom Greisenalter, das Greisenalter aber vom Tod. Durchaus nichts wirst du einst von hinnen nehmen als deine guten oder schlechten Taten, nichts wirst du als Eigentum zurücklassen als deines Namens Gedächtnis und das blutlose Körperchen, und dieses gehört dann schon nicht mehr dir, sondern der Mutter Erde und den Würmern, die Kaiser nicht mehr schonen als Plebejer, ja die vornehme Körper sogar besonders gierig zernagen. Was wird aber aus dem anderen, das dein scheint? Sicherlich mußt du die Schätze und die Herrschaft einem anderen lassen und du weißt nicht wem! Das ist Menschenlos, und weder der Kaiser, noch der römische Papst wird davon ausgenommen, niemand weder von Königen noch überhaupt von allen Menschen. Jetzt aber, jetzt, da du es ja nicht stets wirst tun können, sorge für die Art, wie nach deinem Willen das erscheinen soll, was eigentümlich und unwiderruflich dein ist: Seele und Ruhm.

Zwischen Tollkühnheit und Trägheit wüßte ich nicht, was ich wählen sollte; oft war jedoch Tollkühnheit das Glücklichere. Ich schwärme nicht für Extreme – das Mittlere suche ich. Aber wehe – du und alle, die an der Spitze des Reiches stehen und die darin Ämter innehaben, mögen mir das Wort verzeihen –, ich fürchte, es möchte ganz wahr sein, was ich immer im Munde führe: Jeder einzelne Fehler hat seine besondere Entschuldigung, die Trägheit allein hat alle. Hätte Africanus sich lange bedacht, so wurde eben Italien von den Seinen im Stiche gelassen, und es war dann eine Beute der Afrikaner. Hätte Nasica sich lange bedacht, dann erlag eben die römische Freiheit den Machenschaften und der Kühnheit des Gracchus. Hätte Claudius Nero nicht etwa übermäßig viel und lange – nein nur so lange, als es eigentlich nötig schien, und wirklich nur eine kurze Zeit – den Senatsbeschluß abgewartet, so vereinigte sich Hasdrubal mit seinem Bruder und sie traten den Römernamen in den Staub. Was bleibe ich aber an Unbedeutenderem haften? Wäre Julius Cäsar, den ich so oft nenne, wäre auch er ein gewohnheitsmäßiger Vertager gewesen, nie hätte er in so kurzer Zeit diese so große Macht begründet, die »das Reich« heißt, und die nunmehr kaum noch durch die gemeinsame Bemühung aller aufrecht erhalten wird. Wenn du alles peinlich bedenkst und dich mit Einzelheiten aufhältst, dann will ich dir eins voraussagen –

mag es auch deinem Sinne nicht angenehm sein, so ist es doch ein Gebot meiner Treue, es zu tun. Oh, wäre ich doch ein falscher Prophet! Ich muß dir aber prophezeien: Kein Ende wird abzusehen sein. Eine Schlinge wird sich aus der anderen entwickeln, nie wirst du Italien, nie wird Italien dich sehen, und ich weiß nicht, wo du außerhalb Italiens das Haupt des Reiches suchen willst.

Wenn du deshalb schreibst, du hättest dich nicht von Eitelkeit verlocken lassen, nach der Herrschaft zu trachten, du hättest vielmehr in vollem Bewußtsein der Schwierigkeit dem göttlichen Befehle gehorcht, so glaube ich dir das. Denn ich kenne ja deine Klugheit und deine Bescheidenheit. Aber sieh zu, ob dies nicht der erste und größte Ansporn für dich sein müßte, dich zu beeilen, da du ja der Göttlichen Hilfe sicher bist. Du warst zwar zufrieden mit den Grenzen deines väterlichen Königreichs und wolltest die Bürde der kaiserlichen Lasten und Ehren freiwillig und gern anderen überlassen. Aber eben diese hat der unfehlbare Schöpfer, Leiter und Kenner aller Dinge vielen, die danach streben, weggenommen und deinen Schultern auferlegt. Du hast gehorcht. Es wäre vielleicht eine große Tat gewesen, die Herrschaft nicht anzunehmen – doch darüber mögen die Gelehrten befinden. Es wäre gewiß ohne zu freveln möglich gewesen, sie nicht zu ergreifen, da sie aber ergriffen ist, ist es ohne zu freveln nicht möglich, sie nachlässig zu führen.

Gott nämlich, wie du selbst nicht leugnest, Gott, sage ich, ist der Urheber deiner Herrschaft; nicht deine Anstrengung oder deine Ehrsucht hat sie dir verschafft. Fürchtest du dich etwa, unter Seiner Führung auszuziehen? Hat sich doch auf Seinen Befehl Abraham nicht gefürchtet, den einzigen Sohn zu schlachten, ist doch auf Seinen Befehl Moses, der Hirte, ohne Begleitung furchtlos vor das Angesicht des übermütigen und verstockten Königs getreten. Ich weiß, vielerlei bedrängt dich jetzt, und wenn es beigelegt sein wird, wird anderes und wieder anderes daraus hervortauchen. Glaubst du, du könntest als Kaiser in der Herrschaft ein Leben ohne Sorgen führen, da es doch ein Hirte in seiner Hütte nicht führt? Was sind denn schließlich die Schwierigkeiten, auf die du dich berufst? Sind die offenkundigen Verheerungen der Welt nicht ebenso viele Wunden für deinen guten Ruf, und bringst du nicht ebenso viele Gründe gegen dich selbst zusammen, wie du Entschuldigungen aus ihnen ableiten willst? Gerade des Königs Schamgefühl sollten doch die Leiden des Reiches bedrücken!

»Zerstört ist«, sagst du, »die Freiheit des Reiches.« Du, der Vater des Reichs, wirst die zerstörte wiederherstellen. »Knechtschaft haben sich die Latiner erwählt.« Du wirst sie den Deinen vom Nacken schütteln. »Im Freudenhaus der Habsucht ward die Gerechtigkeit prostituiert.« Du wirst sie in ihre heiligen Gemächer zurückrufen! »Der Friede ist aus dem Sinn der Sterblichen geschwunden.« Du wirst ihn auf seinen alten Sitz zurückführen! Denn dazu bist du ja geboren, zu diesem Beruf bist du bestimmt, daß du die Schäden des Staates austilgst und der Welt ihr früheres Gesicht wiedergibst. Dann erst wirst du mir als wahrer Cäsar und als wahrer Imperator erscheinen, wenn du deine Pflicht erfüllt hast. Denn ohne dies wird nicht nur kein Fürst, sondern kaum ein Privatmann mit Recht Lob ernten.

Du fügst aber hinzu, und ich staune, da ich es höre: Italien habe vormals nichts von Parteiungen gewußt. Wann, ich beschwöre dich, wann ist das gewesen? Ich wüßte nämlich in den Annalen kaum irgendeinen solchen Zeitpunkt zu finden und würde auch nicht glauben, daß sich einer finden ließe. Ich schweige von jenen ganz alten Zeiten noch vor Gründung der Stadt, von den Mauern, die durch Bruderzwist mit Blut besudelt, von den Kronen, die durch gottloses Verbrechen erworben wurden. Wie oft haben sich, als die Freiheit schon errungen war, die Plebejer im Unwillen von den Patriziern geschieden? Zeugen hierfür sind der Heilige Berg, der Janiculus, der Aventin. Pyrrhus setzte nach Italien doch einzig

115

deswegen über, um den Tarentinern bei ihrem Aufruhr Hilfe zu bringen. Zur gleichen Zeit waren die Bruttier abgefallen und die Lukaner und andere italische Stämme, die alle durch Krieg mürbe gemacht und widerstrebend zum Gehorsam gebracht werden mußten. Dann kam Hannibal: da fiel Capua ab, die den Römern durch große Wohltaten verpflichtete Stadt – um es beim rechten Namen zu nennen: des Römischen Volkes Freigelassene, aber eine ungetreue und undankbare. Ja, wer fiel denn zu dieser Zeit nicht ab? Lies nur die Geschichte wieder! Achtzehn Kolonien in ganz Italien blieben treu, und *auf ihre Hilfeleistung* – um des großen Historikers Livius Worte zu gebrauchen – *stützte sich damals die Herrschaft des Römischen Volkes, und diesen wurde im Senat und beim Volk dafür Dank gesagt.* Wozu soll ich die so oft rebellierenden Herniker erwähnen, wozu die Erbfeinde, die Volsker und Äquer? Wieviele Kriege wurden mit den Latinern geführt, beinahe Bürgerkriege; denn es schien ein einziger Reichskörper! Wieviel Städte wurden zerstört, unter den ersten sogar Alba, die Mutter der Römischen Herrschaft selbst, und daß dies geschah, konnte doch nur die Furcht vor neuem und die Erinnerung an alten Abfall anraten! Wie oft wurde mit den Sabinern unentschieden gekämpft, wie oft mit den Umbrern und den Samniten, mit den Etruskern, mit den Ligurern, mit den Boiern und den gallischen Insubrern, dort wo die Städte Mailand und Pavia sind! Aber wozu lasse ich mich immer weiter treiben? Tibur, Tusculum und Praeneste, die drei Vorstädte der Stadt Rom, gaben Anlaß und Zündstoff zu Kriegen, da sie sich nicht bloß mit eigenen Mitteln frechen Angriff erlaubt, sondern auswärtigen Feinden Hilfe und Schlupfwinkel gewährt hatten. Dann Veji, das kaum in einem Jahrzehnt zerstört werden konnte, Fidenae, das verbrannt wurde, Falerii, das durch staunende Achtung vor römischer Redlichkeit sich bezwingen ließ, Neapel, das mit Gewalt genommen, Brundisium, das erobert wurde, wie auch Corioli, Fregellae, Sora, Algidum, Corniculum, Sutrium,

Bovillae, Verulae und Faesulae, von dem meiner Vaterstadt Grundlagen herkommen. Mir widerstrebt, ich gestehe, Kleines mit Großem zu verknüpfen. Aber damit späterhin für den blühenden und kräftigen Staat nichts zu schwer sei, durfte für die zarte, kaum erwachsene Republik kein Ansporn zu gering sein. Dazu kam dann die lange, beschwerliche Belagerung von Syrakus und der Untergang dieser hochberühmten Stadt, der selbst die feindlichen Feldherrn zu Mitleiden und Tränen rührte: dazu die Bezwingung von Firmium, Asculum und ganz Picenum, der Vestiner, Marser und Paeligner, und zwischen soviel auswärtigen Kämpfen zu Haus innere Aufstände, wie die Hoffart des Senats, die Wut der Tribunen und die wildbewegten Unruhen wegen des Ackerbaugesetzes, um das übrige, was ich nicht alles aufzählen kann, mit Schweigen zu übergehen. Dazu kommen nach Wiederherstellung der Herrschaft eines einzigen die ungezählten Verschwörungen, die häufigen, wenn auch erfolglosen Anschläge gegen des Augustus Haupt, um das beiseite zu lassen, was alles durch Gift und Schwert umkam. Dazu noch die Aushungerung von Perusia, die Belagerung von Mutina, der Abfall der Kolonie Cremona, die eine von den wenigen von mir kurz zuvor erwähnten Getreuesten der Getreuen gewesen war.

Eine gar zu lange Reise durch die Geschichte habe ich auf mich genommen, jetzt aber will ich aufhören. Jedes Zeitalter ist doch in Italien erfüllt von Abfall und Parteiung. Daher kann einem tapferen Herzen, das der Vergangenheit eingedenk ist, kein ungewohnter Schrecken begegnen, und es ist gar zu passend ausgedrückt und scheint geradezu aus dem Schoß der Natur entnommen, was Virgil sagt:

> ... die unterm Herzen die Herrschaft trägt, Italia,
> Stets erzitternd von Krieg.

So war es eben von Anfang an, so ist es heut, und so wird es bis ans Ende sein.

Nun aber, welche »Armut« hält dich so sehr zurück? Was hat Armut mit einem Kaiser gemein? Oder wie kann jemand arm sein, der andere reich macht? Das Herz macht arm und reich. »Ich bin arm.« Auch Julius Cäsar war arm, bevor er die Herrschaft errang, und danach war er nicht reich. Niemand hat nämlich freigebiger von seiner Herrschaft Gebrauch gemacht als er, und nichts hat er sich, wie Annaeus Seneca sagt, zurückbehalten, als das Recht auszuteilen. Schließlich: »Ich bin arm.« Viele trieb Armut in den Krieg, vielen gab sie Mut, besonders wenn der Gegner reich war. Denn Reichtümer sind es ja, die der Krieg den Tapferen schafft. »Aber die geringe Anzahl meiner Anhänger muß eine Mahnung für mich sein.« – Der Krieg schafft schon Gefährten, Schrecken erregt nur das alltägliche Gerede. Dinge von sehr geringer Bedeutung haben manchmal einen großen Namen, und oft erweckt das Gerücht mehr Furcht als die Sache selbst beim Anschauen. Meinung ändert keine Tatsache. Was deine Augen nicht zu sehen vermögen, das sehen die der Deinen, nicht weil sie schärfer, sondern weil sie näher sind. Vieles schon erschien bei Betrachtung aus der Ferne fürchterlich – sobald man näher kam, erschien es lächerlich.

Siehe, so viel habe ich dir nun in drei Briefen geschrieben, mein Kaiser, damit du vielleicht beim dritten Rufe hören möchtest, und damit du in diesen Briefen meine Seele erkennen sollst. Denn anders kannst du sie ja nicht erkennen. Ich würde dir lieber mit bewaffneten Legionen entgegenziehen, um deine Befehle auszuführen. Ich eile dir aber mit dem Herzen und mit Ermahnungen zu Hilfe. Das ist das einzige, was ich tun kann, und schon weiß ich nicht, was ich weiter sagen soll, und ich verstehe auch nicht, was eigentlich von mir genügen könnte, wenn dies nicht genügt. In dir, großmütiger Kaiser, in dir, sage ich, muß das Feuer sein, das, wie wir hoffen, uns und der leidenden Gerechtigkeit helfen wird. Vielleicht ist es aber erloschen, und vielleicht blasen wir vergebens in die Asche. Es ist zwar das Wort eines ruchlosen, aber eines in diesem Punkte wahrhaftigen Mannes, *daß Worte niemandem je Mannestugend einflößen*. Ermahnung kann wohl

Tugend aufrütteln, erzeugen kann sie sie nicht. Darum will ich nichts weiter sagen als das, worin der Inhalt des Ganzen beschlossen ist: Alles, mein Kaiser, erfordert nachdenklichen Rat, nichts aber Tatenlosigkeit, und es gibt Fälle, wo Nicht-viel-Nachdenken Ratschluß bedeutet.

Lebe wohl!

Am 23. November [1353]

An Laelius in Pisa

Aus einem Brief, der ein langes, nächtliches Gespräch mit Kaiser Karl IV. erzählt.

... Dem Kaiser war nämlich ein Verlangen nach mir gekommen, und er wünschte den Menschen von Angesicht zu sehen, dessen Herz, Lebensart und Studien er bereits kannte. Schon war der Winter in wunderbarem Maße immer härter geworden. Der Kaiser schickte jedoch nach mir, ohne Rücksicht auf meine Beschäftigungen oder auf meine Mühen zu nehmen, und er schickte eine feierliche Botschaft. Er, der Königen befiehlt, er bat mich, eilends zu ihm zu kommen. Er sandte obendrein noch Bitten mit, gegen die ich seiner Meinung nach nicht taub sein konnte. Und er irrte sich nicht. Was sollte ich tun? Da er rief und da der Bote in mich drang, machte ich mich auf den Weg.

Und niemals sonst habe ich klarer erkannt, was das Wort des Augustin bedeutet: *Italiens eisiger Boden.* Am 12. Dezember brach ich von hier auf. Der Weg war aber nicht Erde, sondern Stahl und Demant, und die Furcht vor dem Eis wurde höchstens durch eine Schneedecke gemildert, die aber auch etwas außergewöhnlich Schreckendes hatte. Dennoch ritten wir mühsam dahin auf Pfaden, wo die Pferde mit ihren gegen das Glatteis nicht wirksam genug gerüsteten Hufen gerade noch Fuß fassen konnten, und die ständige Angst, zu fallen, ließ uns die Mühe des Weges nicht fühlen. Außerdem kam zu diesem Winterfrost ein solcher Nebel hinzu, wie es seit Menschengedenken keinen gegeben hat, und zu der Unwirtlichkeit des Himmels die Öde der Felder, die schauerliche Einsamkeit. Man möchte sagen, all dies passe nicht zu den Musen und zu Apoll, sondern zu Mars und zur Bellona. Schritt für Schritt sah man zerstörte Häuser, kein Bewohner war zu sehen, man traf auf rauchende Trümmer von Gutshöfen und auf Brachfeld, das mit Gestrüpp verwachsen war. Hie und da brachen Bewaffnete aus einem Versteck hervor. Zwar taten sie uns nichts zuleide, denn sie gehörten zu den Unsrigen, aber immerhin beängstigend genug führten sie uns die Spuren des noch fortdauernden Krieges vor Augen. Ich mußte mich jedoch mit meinem altgewohnten Schicksale abfinden und eben unter Schwierigkeiten und Gefahren vorwärts schreiten.

Nachdem ich von Mailand aufgebrochen war, kam ich beim Licht des vierten Tages oder vielmehr in der vierten Nacht, nein geradezu nach vier ununterbrochenen Finsternissen, in Mantua an. Dort wurde ich vom Nachfolger unserer Cäsaren mit mehr als cäsarischer Leutseligkeit und mehr als kaiserlicher Huld empfangen. Ich will Gewöhnliches gar nicht erwähnen, einmal aber begannen wir beide allein gleich beim Lichtanzünden unser Zwiegespräch und unser Erzählen und führten es fort bis zur Stille der tiefsten Nacht. Alles in allem: es gibt nichts Liebenswürdigeres und nichts Freundlicheres als dieses Fürsten Majestät. Dies eine eben sollst du wissen. Über alles übrige will ich mich noch nicht endgültig erklären. Wir wollen abwarten. Wie groß dieser Kaiser ist, das werden wir nicht aus seinen Worten oder Mienen erfahren, die uns ja täuschen könnten, sondern aus seinen Taten und seinen Erfolgen.

Das habe ich ihm selbst nicht verschwiegen. Als er nämlich in seinem kaiserlichen Gespräch zufällig sich soweit herabließ, einige meiner kleinen Werke für sich zu verlangen und besonders das Buch, dem ich den Titel »Von den berühmten Männern« gegeben habe, da sagte ich ihm, es sei noch unvollendet und brauche noch Zeit und Muße. Da er es sich aber für die Zukunft ausbedingen wollte, entgegnete ich mit dem mir eigenen Freimut, den ich mir mehr mit Vorsatz gerade im Verkehr mit Höherstehenden herausnehme, als ihn mir meine Natur eigentlich gewährt hat, und den das nahende Greisenalter mir noch bestärkt, das Greisentum aber, wenn es einmal da ist, ins Ungemessene steigern wird. »Sei versichert«, so sprach ich, »daß es dir zugesagt ist, sofern dir die Tugend ausreicht, mir das Leben.« Als er sich darob verwunderte und nach dem Grunde forschte, sagte ich: »Was mich betrifft, so gebührt einem so großen Werke mit Fug und Recht Zeit, denn große Dinge lassen sich schwer auf engem Raume entwickeln. Was jedoch dich betrifft, mein Kaiser, so wisse: Dann erst wirst du meines Geschenkes und des Titels dieses Buches würdig sein, wenn du dich nicht durch den Glanz deines Namens allein und durch die inhaltsleere Krone, sondern durch Taten und Seelengröße den ›berühmten Männern‹ zugesellt hast, und wenn du so leben wirst, daß von dir die Nachwelt lesen wird, wie du von den Alten liest.«

Diese Worte billigte er mit einem freundlichen Blick seiner klaren Augen und mit fröhlich erhabener Stirn. Daher schien mir die günstigste Gelegenheit da zu sein, etwas in Angriff zu nehmen, was ich längst schon vorhatte. Ich nahm diese Worte also zum Anlaß und schenkte ihm einige goldene und silberne Bildnisse unserer Kaiser, die Aufschriften in ganz kleinen alten Buchstaben tragen, Dinge, an denen ich immer meine größte Freude hatte. Darunter war ein Kopf des Kaisers Augustus, der geradezu zu atmen schien. Und ich sagte: »Schau diese an, mein Kaiser, der du ihr Nachfolger bist, schaue sie an! Strebe danach, ihnen zu gleichen und sie zu bewundern, gestalte dich nach ihrer Form und ihrem Bilde. Niemandem von allen Menschen außer dir hätte ich dies

Geschenk gemacht, aber deine Allgewalt bewegt mich dazu. Ich freilich kenne die Art, die Namen und die Taten dieser Herrscher, deine Aufgabe ist es jedoch, sie nicht nur zu kennen, sondern ihnen auch nachzuleben. Daher kam dir dies Geschenk von Rechts wegen zu.« Dabei erzählte ich das Hauptsächlichste aus dem Leben eines jeden einzelnen in großer Kürze und mischte unter meine Worte jeden Stachel, der zur Tugend und zur eifrigen Nachahmung antreiben konnte. Dies stimmte ihn ganz besonders heiter und froh, und es schien, als hätte er nie etwas so gern angenommen wie dieses kleine Geschenk.

Was halte ich dich aber mit Einzelheiten auf? Vieles besprach er dort mit mir, was ich mit Stillschweigen übergehe, eins aber, worüber du dich wahrscheinlich wundern wirst, will ich nicht verschweigen. Er wollte meine ganze Lebensgeschichte – oder soll ich sagen das ganze Märchen meines Lebens? – vom Tage meiner Geburt an bis zum heutigen Tage in geordneter Reihenfolge hören, obwohl ich ihm versicherte, es sei ein zu langer und unerfreulicher Erzählungsstoff. Er hörte mir aber, da ich ein recht langes Weilchen sprach, so aufmerksam mit Herz und Ohr zu, daß er jedes Mal Fehlendes ergänzte, wenn ich aus Vergeßlichkeit oder in meinem Streben nach Kürze etwas überging. Ja oft kannte er besser als ich meine eigenen Erlebnisse, und ich wundere mich, daß irgendein Wind den Rauch davon über die Alpen getrieben und die Augen erfüllt hatte, die mit der Betrachtung der Mängel der Welt beschäftigt sind. Als schließlich meine Erzählung auf die heutige Zeit gekommen war und ich ein wenig geschwiegen hatte, da fragte er mich nach meinen Absichten für meine folgende Lebenszeit. »Sag einmal«, so sprach er, »was denkst du über die Zukunft? Was für ein Ziel hast du dir in deinem Geiste gesteckt?« – »Meine Absicht«, sagte ich, »mein Kaiser, ist die beste, nur habe ich bisher meine Handlungen nicht mit der Feile glätten können. Denn die Gewohnheiten der Vergangenheit sind ungestüm und mächtiger als die Absichten der Gegenwart, und das Herz stürmt gegen den neuen Vorsatz gewissermaßen wie das Meer, das gegen einen neu einsetzenden Wind von anderen Stürmen getrieben wird.« – Darauf antwortete er: »Ich glaube, es ist so, wie du sagst, aber ich frage nach etwas anderem, nämlich danach: Welche Lebensbahn würde dir behagen?« – Ich aber erwiderte ohne Zaudern und unerschrocken: »Das Leben in der Einsamkeit. Denn keines ist so sicher, so ruhig, schließlich auch keins so glücklich. Es übersteigt nach meinem Urteil sogar Ruhm und Gipfelhöhe deines Kaiserthrons. Dies Leben will ich an seinem Sitze aufsuchen, das heißt in Wäldern und Bergen, wenn es mir beschieden sein sollte, so wie ich es ja oft getan habe, sonst will ich selbst in den Städten nach ihm trachten, so wie ich es jetzt tue.« – Hier lächelte er ein wenig und sprach: »Ich wußte es ja, und wissentlich habe ich dich mit meinen Fragen Schritt für Schritt zu diesem Geständnis hingeführt, damit ich dann dein Urteil mißbilligen könnte, während ich es sonst in vielem billige.« So erhob sich zwischen uns ein gewaltiger Redekampf, und oft warf ich dazwischen: »Siehe zu, mein Kaiser, auf was für ein Feld du dich begibst! Wenn du mit mir kämpfst, mußt du gegen eine Übermacht kämpfen, denn in dieser Streitfrage würdest nicht du allein, vielmehr selbst der mit Vernunftschlüssen gewappnete Chrysippus unterliegen. Lange habe ich ja über nichts anderes nachgedacht, und mein Kopf ist voll von Gründen und Beispielen dafür. Die Lehrmeisterin aller Dinge, die Erfahrung, stimmt mit mir überein, das törichte und ungelehrige Volk nur ist dagegen. Nimm ja nicht seine Partei! Vor jedem gerechten Gericht, selbst wenn es ein städtisches wäre, werde ich gegen dich obsiegen. Bin ich doch so ganz erfüllt von dem allen, daß ich sogar vor kurzem erst über einen kleinen Teil davon ein Schriftchen herausgegeben habe.« Da unterbrach er mich rasch: »Das weiß ich ja gerade«, sagte er, »und wenn je dieses Buch mir in die Hände fällt, werde ich es den Flammen überliefern.« – »Ich werde meine Vorkehrungen treffen, mein Kaiser«, so sagte ich darauf, »daß es nicht in deine Hände fällt.«

So zog sich der Streit in langem scherzhaftem Wechselgespräch hin, und ich muß gestehen, daß ich unter allen, die ich als Gegner des einsamen Lebens kennengelernt habe, keinen gehört habe, der wirksamer gegen diese Art von Leben disputiert hätte. Das Ende war schließlich dies: Wenn man sagen oder glauben dürfte, ein Kaiser könne besiegt werden, so war er, wenn ich mich nicht täusche, mit Worten und Vernunftgründen besiegt. Seiner Meinung nach war er aber nicht nur unbesiegt, sondern auch offenkundig Sieger, und zu guter Letzt bat er mich, ich möchte ihm nach Rom folgen. Das sei nämlich der Hauptgrund dafür gewesen, mich, der ich nach Ruhe doch so begierig sei, zu so ungünstiger Jahreszeit zu ermüden. Er wünsche die große, berühmte Stadt nicht nur mit seinen, sondern sozusagen mit meinen Augen zu sehen, auch bedürfe er meiner Gegenwart in einigen tuskischen Städten, über die er in einer Weise sprach, daß du hättest glauben können, er sei ein italischer Mensch, ein italisches Ingenium.

Dies sagte mir zwar außerordentlich zu, denn die beiden so besonders lieben Worte Rom und Cäsar trafen hier derart zusammen, daß meinem Herzen nichts angenehmer schien, als mit dem Cäsar nach Rom zu gehen. Aus vielen zureichenden, aber auch aus unabweislichen Gründen schlug ich es jedoch ab, und daraus entbrannte wiederum ein großer Streit, der sich viele Tage hinzog und bis zum letzten Lebewohl nicht beendet werden konnte. Denn als er von Mailand wegging, habe ich ihn über die Mauern von Piacenza hinaus bis zum fünften Meilenstein begleitet und habe mich schließlich nur mit Mühe und unter lebhaftem Ringen im Wortstreit losgerissen. Bei dieser Gelegenheit hörte man das ernste und freimütige Wort eines tuskischen Ritters aus dem kaiserlichen Gefolge. Dieser ergriff mich bei der Hand, richtete die Augen auf den Kaiser und sagte dabei: »Siehe, dieser Mann hier ist es, mein Kaiser, über den ich oft zu dir sprach. Wenn du etwas des Lobes Würdiges tun wirst, wird dieser nicht zulassen, daß dein Name stumm bleibt. Denn er ist ein Mann, der gelernt hat, zu reden und zu schweigen.«

Du wolltest, ich sollte an den Kaiser selbst einen Brief in deinen Angelegenheiten schreiben, damit du, versehen mit ihm, zuversichtlicher und vertraulicher vor ihn treten könntest. Du erhältst ihn hier gleichzeitig mit diesem Brief. Beide werden dir in Pisa zukommen, wo du zum Kaiser kommen wirst. Ich hoffe, dir wird mein Brief, weit mehr aber deine Tugend und die Erinnerung an unsere Herren und Gönner die kaiserlichen Pforten öffnen.

Lebe wohl
Zu Mailand, am 25. Februar [1355]

An Kaiser Karl IV.

Seiner ungeheuren Enttäuschung über den eiligen, geradezu fluchtartigen Rückzug des Kaisers über die Alpen macht Petrarca in einem höhnischen Abschiedsbrief Luft.

Da du neulich italisches Gebiet und die Pforten unseres Landes betratest, eilte ich dir im Herzen und mit einem Briefe entgegen, bald darauf, als ich von dir gerufen wurde, auch mit meinem Körper. Auch dem Abziehenden folge ich nach, im Herzen und mit einem Briefe. Nur der eine Unterschied besteht: Damals war der Brief freudig und freudig das Herz, jetzt ist alles traurig.

Was dein Großvater und unzählige andere mit soviel Opfern an Blut erstrebt haben und mit so viel Mühen, das hast du, mein Kaiser, ohne Mühe erlangt und ohne Blutvergießen: Italien war eben und offen, frei war der Zugang zur

Schwelle der Stadt Rom, leicht zu erringen war das Szepter, beruhigt und friedlich war das Reich, ohne Blutvergießen waren Kronen zu gewinnen – du aber vermagst alles dies nicht nach Gebühr zu schätzen. Undankbar bist du gegen so große Geschenke, oder nicht fähig, die Dinge zu beurteilen. Du verläßt all das und – welch schweres Bemühen ist es doch, die Natur zu verändern! – du wendest dich wieder zurück in barbarische Reiche!

Ich wage es nicht, dir deutlich und klar zu sagen, was mein Herz und die Sache selbst fordert, damit ich dich nicht mit einem Worte betrübe, dich, der du mich und die Welt mit deiner Tat betrübst. Dabei scheue ich mich nicht etwa, die Wahrheit zu sagen, weil ich Anwürfe und Satiren fürchtete, an deren Stelle mir nach Verdienst eine Lobpreisung gebühren würde, oder weil ich anderes noch fürchtete. Ich tue es nur deshalb nicht, weil ich glaube, daß über deine überstürzte Abreise, die, um die Wahrheit zu gestehen, der Flucht ganz ähnlich ist, niemand trauriger sein wird als du selbst. Um so mehr und mehr bin ich in Bestürzung über diesen deinen Entschluß und ich weiß nicht, ob ihm Fortuna je günstig sein wird. Jedenfalls widersetzt sich ihm die Vernunft und die Mannestugend, und alle Guten, auch das ganze Reich, wenn es reden könnte, würde sich ihm widersetzen, alle Bösen aber und alle Rebellen klatschen Beifall.

Geh jedoch, wenn es so in deinem Herzen fest beschlossen ist! Aber du sollst dir auch dies fest ins Gedächtnis prägen und sollst zum Angedenken ein kleines Angebinde von mir beim Lebewohlsagen mit dir nehmen: Nie hat ein Fürst eine so große, so blühende, so reife und so ehrenvolle Hoffnung freiwillig im Stiche gelassen. Und einem Römischen Fürsten hätte doch nicht weniger Mut geziemt, als dem Mazedonierkönige, der kaum die Grenzen seines Vaterlandes überschritten hatte, als er auch schon befahl, man solle ihn nicht den Herrn Mazedoniens, sondern den Herrn aller Länder nennen, wo er es doch nicht einmal war. Du, der Herr des Römischen

Reichs, seufzest nach nichts anderem als nach Böhmen. Wann hätte dies, ich bitte dich, dein Großvater getan oder dein Vater, der ohne selbst Kaiser zu sein, nur wegen der Erinnerung an das Kaisertum seines Vaters Rechtsansprüche auf so viele Städte erhob? Aber Mannestugend ist kein erbliches Gut. Ich will gar zu gern glauben, daß dir die Kunst des Herrschens und des Kriegführens nicht fehlt: die Quelle aller Taten, der Wille, fehlt. Oh, wenn jetzt gerade auf den Pässen der Alpen dein Großvater und dein Vater dir entgegentreten würden! Was, glaubst du, würden sie sagen? Glaube nur, du kannst sie hören, auch da sie abwesend sind.

»Etwas Herrliches hast du ausgerichtet, großer Kaiser, mit deinem so lange Jahre hindurch verschobenen Kommen nach Italien und deinem eiligen Weggang! Du bringst schließlich die eiserne Krone und die goldene Krone heim, dazu noch den unfruchtbaren Namen der Kaiserherrschaft. Kaiser der Römer wirst du dich nennen lassen, der du nur König von Böhmen allein bist. Wärest du lieber nirgendwo König, daß so gezwungen die Tugend höher aufstiege und die Dürftigkeit zu Haus dir die vernachlässigte Liebe zum Erbgute deines Großvaters einflößte!«

Aber nun mag meine Feder ruhen, die schon von kurzem Anlauf ermüdet ist, und sie mag deinen, wie ich annehme, wirklich ermüdeten Ohren Ruhe geben.

Deinen Scheidegruß, der mich wie ein zweischneidiger Speer tödlich verwundet hat, hat mir mein Laelius mit deinen Worten überbracht und zugleich das Kaiserbild von uralter Arbeit. Könnte dieses reden oder könntest du es betrachten, so hätte es dich von dieser ganz und gar ruhmlosen, um nicht zu sagen schmachvollen Fahrt zurückgehalten.

Lebe wohl, mein Kaiser, und bedenke, was du zurückläßt und was du statt dessen erstrebst.

[Mailand, im Juni 1355]

An Francesco Nelli in Avignon

In der Absicht, den Freund zum Weggang aus Avignon zu bewegen, gießt Petrarca seinen ganzen Groll über die verruchte, sündige Stadt aus, die ihm wie vielen seiner Zeitgenossen als Abbild des Sündenbabels der Offenbarung Johannis gilt. Als ein Beispiel für die Sittenverderbnis erzählt er am Schluß eine ergötzliche Geschichte von einem liebeshungrigen alten Kardinal, die offenbar vor Jahren in Avignon einmal Stadtgespräch war. Petrarca hat den Brief in das »Buch ohne Namen« eintragen lassen, da solche scharfen Reden dem Empfänger wie dem Absender hätten schaden können.

Was bleibst du immer noch hängen? Aber nein, nicht hängen bleibst du ja – festgehalten wirst du und widerstrebend wirst du mitgerissen. Das wenigstens vermute ich eher, denn ich will lieber Gewalt als Lässigkeit im Spiele glauben. Erstarrung – das paßt nicht zu dir; beseelt dich doch brennende Schöpferkraft, Feuergeist, edler Schwung. Aber was nützt das alles, wenn die Hemmung stärker ist als die Kraft der Tugend? Auch große Kraft wird schwach unter dem Gegendruck von noch größerer Kraft, und dem Zwang des Unvermeidlichen muß alles erliegen.

Die eine Kraft hat dich nach Babel gezogen, die andere hält dich fest. Hart ist das, doch muß man es tragen; so ist ja nun einmal die Natur des Ortes. Alles Gute wird dort verderbt, aber allem zuvor die Freiheit; bald genug dann der Reihe nach Ruhe, Freude, Hoffnung, Glaube, Liebe und... die Seele: welch ungeheure Verluste! Aber im Königreiche des Geizes bucht man nichts als Schaden, solange nur das Geld heil bleibt. Die Hoffnung auf das künftige Leben hält man dort für eine leere Fabel, was man von der Hölle erzählt, alles für erdichtet und die Auferstehung des Fleisches, das Weltenende, Christi Wiederkehr zum Gericht – all dies gilt für Kinderpossen. Wahrheit ist dort Wahnsinn, Enthaltsamkeit bäurische Einfalt, Keuschheit schlimmste Unzucht. Zügelloses Sündigen dagegen gilt für Hochherzigkeit und höchste

128

Freiheit, und je befleckter ein Leben, um so glänzender ist es; je mehr Verbrechen, um so mehr Ruhm. Der gute Name ist wertloser als Kot, die wertloseste Ware aber ist der gute Ruf.

Da hast du, soweit es in so wenig Worten möglich ist, das genaue Abbild vom Zustand dieser heiligen Stadt! Du kannst es aber heute von diesem Briefe nicht besser ablesen, als du es tagtäglich von den Angesichtern jener Leute könntest, deren Lebensweise kein Griffel, keine Schriftstellergabe zu schildern gewachsen ist.

Als erstes, wie gesagt, bringt man dort seine Freiheit zum Opfer. Wer je über jene Schwelle schreitet, hört alsogleich auf, sich selbst zu gehören. Keine Ruhe, kein Abschied wird ihm gegönnt. Er wird umhergewirbelt und wird in ergebnisloser Arbeit verbraucht und aufgerieben. Wenige hat denn auch die göttliche Gnade ausgenommen, so daß sie Jerusalem lieben und Babel hassen. Dies ist die Hoffnung, die mir für dich noch bleibt. Sonst würde ich glauben, daß es um dich geschehen sei, in solch einem zähen und tiefen Schlamm sehe ich dich versunken und festgefahren. Unterdessen gebe ich nicht deinem Wunsch oder deiner Einsicht, nein der Notwendigkeit und der Fortuna die Schuld daran, daß du so lange dort bist, und das Zögern, das ich gründlich verabscheue, entschuldige ich gern. Wenn nämlich das Hinreisen vielleicht eine Schuld gewesen ist, so bedeutet das Verweilen an jenem Ort schon nicht mehr Schuld, sondern Urteilsvollstreckung und läuternde Buße eben für die Schuld. Da nun aber viele vieles oft im Kerker gelernt haben, weshalb solltest du nicht in Banden etwas lernen, wodurch du dauernd wissender wirst? Gewisse Dinge lernt man auf keine Weise leichter als durch den Gegensatz. So pflegen ja die Lehrer der Mathematik, wenn ihnen einmal ein Schüler eine zu geringe Auffassungsgabe für die Wahrheit zu haben scheint, zunächst etwas Falsches vorzuschlagen, damit der Geist davor zurückschreckt und zum Wahren seine Zuflucht nimmt. Du außerdem hast dich ja stets schon dem Dienst der Frömmigkeit und

Ehrbarkeit ergeben. Die erste erhebt die verlangende Seele zum Anschauen Dessen, von dem der Psalmist sagt: *Suchet sein Antlitz allewege!* Das Antlitz der Ehrbarkeit aber ist von der Art, daß es, wie Plato sagt, mit wunderbarer Liebe die Seele entflammen müßte, wenn man es mit den Augen schauen könnte. Man muß es jedoch deshalb nicht minder lieben, weil man es mit der Seele schaut. Wenn dir nun also jetzt noch etwas zur umfassenden Kenntnis dieser beiden fehlt, so richte allen deinen Eifer auf ihr Gegenteil: Spitze die Ohren, stelle den Blick scharf ein, spanne deinen Geist an! Du willst die Schönheit Gottes kennen lernen, betrachte also, wie groß die Unflätigkeit seiner Feinde ist. Nicht brauchst du sie lange zu suchen, in Babel wohnen sie ja, jegliche Gasse wimmelt von diesem Gewürm. Du willst Gestalt und Zier der Ehrbarkeit erkennen, betrachte, wie groß die Schändlichkeit der Laster ist! Du hast ja dort von jeglichem ein Beispiel vor Augen. Wohin du schaust, überall wirst du Dinge sehen, die du nur zu hassen brauchst, um Gott und die Tugend noch heißer lieben zu lernen.

Du also, freue dich, die du die Tugenden wenigstens durch den Gegensatz lehrst, freue dich, sage ich, die du wenigstens zu etwas gut bist, rühme dich deiner Erfindungen, du Feindin der Guten, du Kneipwirtin und Zuflucht der Schlechten, allerschändlichste Babylon, die du liegst an den wilden Ufern der Rhone, berüchtigte oder besser ruchlose Dirne, die da *gehurt hat mit den Königen der Erde!* Du bist ja jene selbst, die der heilige Evangelist im Geiste gesehen hat. Eben die, sage ich, bist du, und keine andere, *die da an vielen Wassern sitzt,* oder sogar buchstäblich *umgeben von drei Flüssen,* von dem Gewimmel aller menschlichen Dinge und Reichtümer, auf denen du in ausgelassenem Übermut selbstsicher sitzest, ohne achtzuhaben der ewigen Güter, ganz so wie er, der dich gesehen hat, es dargelegt hat: *Völker und Heiden und Sprachen,* das sind *die Wasser, da du Hure sitzest.* Erkenne deine Tracht! *Und das Weib war bekleidet mit Purpur und Scharlach und übergül-*

det mit Gold und edlen Steinen und Perlen, und hatte einen goldenen Becher in der Hand, voll Greuels und Unsauberkeit ihrer Hurerei. Erkennst du dich wieder, Babylon? Höchstens das könnte zu Irrtum führen, daß jener *an der Stirn geschrieben: »Die große Babylon«,* du aber bist die kleine Babylon.

Klein bist du freilich an Umkreis der Mauern, aber an Lastern und stets umkreisenden Ränken der Herzen und unbegrenzter Gier, an Aufhäufung alles Bösen bist du nicht nur groß, sondern riesengroß, ja unermeßlich. Und wahrlich, was dann folgt, paßt einzig auf dich, auf keine andere: *Babylon, die Mutter der Hurerei und aller Greuel auf Erden.* O du gottlose Mutter schändlichster Geburten, kommt doch alles, was je auf Erden an Abscheulichkeiten, an Hurerei entsteht, von dir, und da du stets gebierst, ist stets geschwollen und schwanger dein Leib von solchen Dingen. Wenn du noch leugnest, höre weiter: *Und ich sah,* so spricht er, *das Weib trunken von dem Blut der Heiligen und von dem Blut der Zeugen Jesu.* Was schweigst du? So zeige doch eine andere, die trunken ist von diesem Blut! Oder leugne überhaupt, wenn du es kannst, daß du diese Trunkene bist! Wahr muß die Vision des Evangelisten und Apostels sein, und wenn der, als er im Geiste dich sah, *sich verwunderte in großer Verwunderung,* wie groß muß die Verwunderung sein, die uns erfüllt, da wir dich offen vor Augen sehen!

Nach all deinen *Hurereien,* von denen *getrunken haben alle Heiden und Könige auf Erden,* und nach allen Abscheulichkeiten, was erwartest du anderes, als was eben derselbe Johannes sagt: *Sie ist gefallen, sie ist gefallen, Babylon, die große, und eine Behausung der Teufel worden?* Bekannt ist, was folgt. In Wahrheit bist du schon so eine geworden! Um wieviel besser ist doch selbst ein verlorener Mensch von ganz verzweifelter Schlechtigkeit als ein Teufel! In Wahrheit bist du eine Behausung, ja ein Königreich der Teufel geworden, und diese herrschen mit ihren Künsten in dir, wenn auch in menschlicher Gestalt.

Du aber, mein Freund, höre mit demselben Apostel eine *andere Stimme vom Himmel, die da spricht: Gehet aus von ihr, mein Volk, daß ihr nicht teilhaftig werdet ihrer Sünden, auf daß ihr nicht empfahet etwas von ihren Plagen. Denn ihre Sünden reichen bis in den Himmel, und Gott denkt an ihren Frevel. Wieviel sie sich herrlich gemacht und ihren Mutwillen gehabt hat, so viel schenkt ihr Qual und Leid ein. Denn sie spricht in ihrem Herzen: Ich sitze als eine Königin, und bin keine Witwe, und Leid werde ich nicht sehn. Darum werden ihre Plagen auf einen Tag kommen, Tod, Leid und Hunger; mit Feuer wird sie verbrannt werden, denn stark ist Gott der Herr, der sie richten wird.* Das und was sonst beim Apostel an jener Stelle steht, höre alles! Höre es und fliehe, wenn irgendwo ein Weg ist, damit nicht deine Unschuld erdrückt wird im Zusammenbruch der Schuldigen und in der babylonischen Bosheit, für die es nicht Ziel noch Zahl oder Maß, ja nicht einmal eine Schätzung gibt. Ich schweige von Simons Erbschaft und jener nicht geringsten Gestalt der Ketzerei, dem Schacher mit den Geschenken des Heiligen Geistes. Ich schweige von der Habsucht, der Mutter dieses Übels, die der Apostel *Knechtschaft der Abgötterei* genannt hat. Ich schweige von den Meistern dieser Schändlichkeit und von den Maklern, von denen es in den Gemächern der Päpste wimmelt. Ich schweige von der Grausamkeit, die alle Menschlichkeit außer acht läßt, und der Unverschämtheit, die ihrer selbst vergißt, und von den von leeren Winden aufgeblähten Schläuchen. Ich schweige endlich von jenen Ungeheuerlichkeiten, die fühllos und in Wahrheit verlassen der Erdkreis so lange aushalten kann, wie Enceladus den Ätna oder Typhoeus die Insel Ischia. All dies zu erzählen, wäre gar zu traurig und allzu ernsthaft.

Ich eile nun zu dem, was lächerlich ist und zugleich hassenswert. Denn wer, ich bitte dich, wird nicht zürnen und lachen über jene kindischen Greise in weißem Haar, in glänzenden Prachtgewändern und mit derart ausschweifenden Trieben, daß bei ihrem Anblick geradezu falsch erscheint, was Virgil sagt: *Kalt gegen Venus sind ältliche Herrn!* So hitzig, so versessen auf Venus sind nämlich die Greise, derart hat sie Vergessen ihres Alters, ihres Zustandes und ihrer Kräfte gepackt, so sehr entbrennen sie für ihre Begierden, so stürmen sie in jedes schändliche Laster hinein, gleich als bestünde all ihr Ruhm nicht im Kreuze Christi, nein vielmehr *in Fressen und Saufen* und, wie es dann weitergeht, *in Kammern und Unzucht.* So heftig suchen sie die entfliehende Jugendkraft mit der Hand zurückzureißen und sie halten es für Bereicherung des äußersten Greisenalters, zu tun, was kein Jüngling wagen würde. Solche Triebe, solche Nerven hat ihnen Babylon gegeben. Daher der ungezähmte Bacchus, daher das Toben der orientalischen Bacchanten. Oh ihr ligurischen und campanischen Reben, o ihr süßen indischen Zuckerrohre, ihr Weinspaliere, von den Wurzeln an schwarz von dunklen Trauben, die ihr geschaffen seid zu ehrbarem Entzücken und dem Menschen zu Nutz und Frommen, in welchen Mißbrauch, in welchen Verderb der Seelen, in welch ein Unheil werdet ihr verkehrt!

Satan schaut dabei zu, lachend und hochergötzt von der gleichtaktigen Tanzorgie, und während er zwischen den verschrumpften Lebegreisen und den Mädchen als Schiedsrichter dasitzt, staunt er darüber, daß sie noch mehr ausführen, als er anbefiehlt. Und damit ja keine Erschlaffung sich einschleicht, reizt er höchstselbst zwischendurch die altersschwachen Lenden mit dem Stachel auf und facht das verglommene Feuer mit fremdländischen Blasebälgen wieder an. Daraus entstehen dann allenthalben schändliche Brünste. Ich lasse dabei auf sich beruhen die Schändungen, Entführungen, Unzucht und Ehebruch, die schon das Kinderspiel der hohepriesterlichen Genußsucht sind. Ich übergehe auch, daß die Ehemänner der Entführten, damit sie nicht zu mucksen wagen, nicht nur von den Hausaltären ihrer Ahnen, sondern sogar aus dem Weichbild ihres Vatererbes verjagt werden und daß man sie – was die schwerste Beleidigung darstellt – zwingt, ihre vergewaltigten Frauen, die von fremdem Samen schwanger sind, wieder aufzunehmen und nach erfolgter Niederkunft wieder zurückzuerstatten zur Befriedigung fremder Gelüste. All dies weiß nicht ich allein, nein alle Welt, wenn man auch dazu schweigt. Und dabei ist schon der Unwille ein stärkerer Antrieb zum Schweigen als die Furcht. Die schon bedrohlich werdende Rachgier hinwieder erstickt jedoch der Schmerz. All dies, sage ich, will ich übergehen.

Ich will dich nämlich heute lieber zum Lachen reizen als zu zorniger Erbitterung. Der Zorn, der sich nicht auswirken kann, wendet sich ja gegen sich selbst und wütet dann gegen den eigenen Herrn.

Es war also einmal ein altes Männlein – einer eben aus jener Schar – geschaffen, alle Chroniken zu füllen. Eine Bocksgeilheit steckte in dem Kerl, falls es nichts noch Geileres oder Stinkenderes geben sollte als einen Bock. Sei es nun, daß er nachts Mäuse oder Nachtmahre fürchtete, jedenfalls wagte er nicht, allein zu schlafen. Für ihn gab es nichts Traurigeres, nichts Elendigeres als den Zölibat. Alltäglich feierte er eine neue Hochzeit, und den unsteten Umarmungen war er ein stets neuer Bräutigam. Indes so sein Mund leer, seine Jahre aber voll geworden waren, hatte er längst das siebzigste Jahr überschritten, und kaum noch sieben Zähne waren ihm übriggeblieben.

Einen Vogelsteller für Mädchen hatte er vor vielen anderen, der seinem Herrn an Geilheit nichts nachgab. Mit seinen Netzen und Schlingen umstellte er alle Gassen, die Häuser aller Leute, besonders aber der Armen. Hierhin schleppte er Geld zuhauf, dorthin Kettchen, dorthin Ringe, anderswohin endlich verlockende Artigkeiten, Überreste vom Mahl, Näschereien aller Art und was irgend Weibersinn zu kirren vermag. Er selbst sang sich inzwischen eins bei gespannten Sinnen. Und er war ja in der Tat auch ein Kantor, aber einer, der seine Stimme vom Altar zu den Tanzreigen und in die Freudenhäuser hinübertrug. Ich kannte den Kerl – man wies nach ihm mit dem Finger. Von ihm ging die Sage, er pflege mit solchen Künsten manche Beute dem greisen Wolfe in den Rachen zu liefern.

Tausend Geschichten zum Lachen hätten hier Platz. Eine vernimm: Mit viel Listen hat jener einmal ein armselig Jungfräulein oder Dirnlein angelockt, um es dazu zu bringen, daß es seinem Herrn zu Willen sei, der zwar hoch an Würde und reich an Schätzen war, nach Gestalt und Alter jedoch wenig verlockend zur Liebe. Was soll ich viel Worte machen? Sie läßt sich betören und wie jene Psyche bei Lucius Apuleius, die mit glücklicher Hochzeit geehrt werden soll, besteigt sie das Bett eines unbekannten Mannes. Sowie er es erfahren hat, fliegt, unfähig zu warten, der Greis herbei. Er ergreift sie am Arm, küßt sie mit hängenden Lippen, beißt sie mit zahnlosem Munde und lechzt danach, die neue Hochzeit zu vollziehen. Durch das plötzlich hereinbrechende Unheil erregt, und erschreckt durch die stinkende Hinfälligkeit und sein fahles Gesicht, schreit sie: sie sei zu einem großen und ausgezeichneten Prälaten, nicht zu einem häßlichen und verschrumpelten Priester gekommen, und sie lasse sich nicht betrügen. Sollte ihr Gewalt geschehen, würde sie mit den Händen Widerstand leisten, solange sie vermöge, und hernach mit Schreien und Heulen. Solange ihr nur ein Hauch bliebe, ließe sie sich nicht von so einem scheußlichen Greise etwas antun. Und dieweil sie so schrie, vergoß sie Ströme von Tränen. Er aber verschloß ihr den zarten Mund mit räudiger Hand und struppigem Munde, und versuchte so, ihrem Weinen und Klagen Einhalt zu tun und die Verstörte zu trösten mit ungeordnetem Gemurmel und den unangebrachtesten Schmeicheleien, denn zu allem übrigen war er solch ein Stotterer, daß niemand ihn verstehen konnte.

Doch da unser herrlicher Greis nichts ausrichtete, stürzte er in sein Kabinett, ergriff den roten Hut, durch den die *Versammelten Väter* sich von der übrigen Menschheit unterscheiden, stülpte sich das Zeichen seiner Würde auf den weißen Kahlkopf und sagte: »Ich bin der Kardinal, ich bin der Kardinal! Hab keine Bange, meine Tochter!« So tröstete er das immer noch weinende Liebchen durch den gegenwärtigen Glanz und die Hoffnung auf die Zukunft und führte sie zum Hochzeitsbett, wo nicht Juno Ehestifterin war, sondern Tisiphone und Megära.

Auf diese Weise feierte der alte Veteran des Cupido, der Geweihte des Bacchus und der Venus, ohne Waffen, aber in Toga und Hut, über sein Liebchen seinen Triumph. *Klatscht Beifall, das Stück ist aus!*

Würdest du den Menschen kennen, dann müßte dir die Geschichte doppelt ergötzlich geklungen haben! Von ihm und von den übrigen gibt es tausend dieser Art, einige davon sind aber nicht belustigend, sondern unzüchtig, andere aber gar ungeheuerlich und entsetzlich.

Geh nun hin und staune, daß unter solcher Führung Christus, der seinem Volke gnädig ist, und der Staat wohl fahren können!

[Mailand, Frühjahr 1358]

An Giovanni Boccaccio in Florenz

Mit seinem Dank an den Freund für ein ihm als Geschenk übersandtes Exemplar der Göttlichen Komödie Dantes verbindet Petrarca eine Abrechnung mit denjenigen, die ihm den Vorwurf gemacht haben, er habe Dantes Größe aus Haß oder aus Neid nicht anerkennen wollen.

Vieles in deinem Briefe bedarf überhaupt keiner Antwort, denn wir haben es ja erst vor kurzem noch im einzelnen miteinander durchgesprochen. Zweierlei habe ich jedoch aus allem herausgestellt, was keinesfalls übergangen werden darf. Was sich dazu sagen läßt, will ich in aller Kürze darlegen.

Zunächst einmal entschuldigst du dich mir gegenüber, und

zwar sehr ausführlich, weil du im Loben unseres Landsmannes gar so überschwenglich hättest scheinen können, dieses Dichters, der dem Stile nach zwar ein Mann aus dem Volke war, dem Gehalt nach aber ohne Zweifel adlig. Und du suchst dich in einer Weise zu rechtfertigen, gerade als glaubte ich, das Lob, das diesem oder überhaupt einem anderen Menschen als mir gespendet wird, könnte mir gezolltem Lobe abträglich sein. Daher versicherst du, bei näherer Betrachtung werde sich alles, was du rühmend von ihm sagst, in Ruhm für mich umkehren. Dafür aber, daß du diese Ehrenpflicht übernommen hast, gibst du als Entschuldigung wörtlich an, jener sei dir schon in jungen Jahren der erste Leiter und der erste leuchtende Feuerbrand für deine Studien gewesen. Da handelst du nur gerecht, dankbar, erkenntlich und, um das richtige Wort zu gebrauchen: fromm. Denen, die unsere leiblichen Erzeuger waren, schulden wir doch alles, denen, die uns glücklichen Wohlstand verschafft haben, viel. Was müssen wir da nicht erst denen schulden, die Väter und Gestalter unseres geistigen Seins sind?

Ein viel höheres Verdienst haben sich doch die um uns erworben, die unseren Geist gebildet haben, als die, denen wir die Ausbildung unseres Körpers verdanken. Das wird ein jeder einsehen, der für beides den rechten Preis einsetzt, und er wird eingestehen, daß das eine ein unsterbliches Geschenk ist, das andere ein vergängliches und sterbliches. Daher verherrliche und verehre du nur diesen leuchtenden Feuerbrand deines Geistes, der dir Glut und Licht gegeben hat auf jener Bahn, auf der du mit gewaltigen Schritten vorwärtsschreitest zum herrlichsten Ziele, und erhebe ihn, den der windige Beifall der Menge lange schon hin und her bewegt und, wenn ich so sagen darf, ganz erschöpft hat, endlich nun mit Lob, das deiner und seiner würdig ist, zum Himmel empor. Nicht duldend billigen, ausdrücklich fördern will ich es, hat doch alles an diesem Lobe meinen Beifall. Denn er ist dieses Preisens würdig, und du bist, wie du sagst, zu diesem Tun verpflichtet. So heiße ich denn dein Lobgedicht mit Freuden willkommen, und den Sänger, der in ihm gepriesen wird, will auch ich mit dir preisen.

In deiner Entschuldigungsepistel kann mich aber gar nichts rühren, außer dem einen, daß ich dir jetzt noch so wenig bekannt bin, wo ich doch glaubte, ich wäre dir durch und durch bekannt. Sollte ich denn keine Freude haben, wenn herrliche Männer gespriesen werden – sollte ich nicht im Gegenteil sogar meinen Ruhm darin suchen? Glaube mir, nichts liegt mir ferner, keine Pest ist mir weniger bekannt als der Neid. Ich rufe vielmehr Gott zum Zeugen (daran magst du erkennen, wie fern ich dem Neide bin), *Gott, der die Seelen erforschet:* Kaum ein Leid des Lebens trage ich so schwer, wie wenn ich sehen muß, daß verdienten Männern jeglicher Ruhm und Lohn entgeht. Nicht daß ich deshalb klagte, weil ich selbst dabei Schaden mit erleiden muß, oder daß ich im Gegenteil hoffte, ich könnte mit ihnen einen Gewinn davon haben. Nein, ich beweine das Geschick der Allgemeinheit, wenn ich zusehen muß, wie der Lohn für löbliches Tun unanständigen Handlungen zugeschoben wird. Nun wußte ich natürlich immer schon: Wenn auch der Ruhm, den erworbene Verdienste verleihen, den Geist noch so sehr zum Eifer anstachelt, sich Verdienste zu erwerben, so ist dennoch, wie die Meinung der Philosophen lautet, die wahre Tugend sich selbst ihr eigener Stachel, ihr eigener Lohn, sie ist Siegesbahn und Siegespreis zugleich.

Du hast mir aber noch obendrein einen neuen Beweis dafür geliefert, den ich womöglich von selbst nie gesucht haben würde. Trotz alledem möchte ich darauf näher eingehen, um zunächst bei dir allein, durch dich aber auch bei anderen die von meinem Urteil über diesen Mann bei vielen verbreitete Meinung auszurotten. Sie wird nicht nur *zu Unrecht verbreitet,* wie Quintilian von sich selbst und Seneca sagt, sondern mit Hinterlist und ganz und gar böswillig. Daß ich ihn hasse und verachte, das behaupten ja diejenigen, die mich hassen, um auf diese Weise so recht den Haß der breiten Menge der die Volkssprache Redenden schüren zu können, denen er so sehr behagt. Eine neue Art von Schändlichkeit und eine bewundernswürdige Kunst, jemand zu schaden! Ihnen mag an meiner Statt die Wahrheit selbst antworten:

Zunächst einmal habe ich überhaupt keinen Grund zu Haß gegen einen Menschen, den ich nur einmal und noch dazu in meines Knabenalters erster Zeit gezeigt bekommen habe. Mit meinem Großvater und meinem Vater hat er gelebt; jünger war er als der Großvater, älter als der Vater, und mit diesem ist er am gleichen Tage im gleichen Wirbel des Bürgerkrieges aus dem Vaterlande vertrieben worden. In solcher Zeit knüpfen sich zwischen Leidensgenossen stets Bande naher Freundschaft, und das geschah denn auch in hohem Grade zwischen jenen beiden, denn nicht ihr Geschick allein war ähnlich, sehr ähnlich waren auch ihre Studien und ihr Ingenium. Mein Vater mußte sich allerdings im Exil anderen Sorgen zuwenden und mußte von Studium und innerster Neigung aus Sorge um seine Familie ablassen. Jener aber hielt stand und stürzte sich mit noch heftigerem Eifer auf das, was er begonnen hatte. Alles andere achtete er für nichts; einzig dürstete er nach Ruhm. In dieser Hinsicht fehlt mir fast die Kraft, ihn genug zu bewundern und zu preisen, diesen Mann, den weder die Ungerechtigkeit seiner Mitbürger, noch Armut, noch die Stachel persönlicher Feindschaften, noch die Liebe zur Gattin, noch die väterliche Fürsorge für seine Kinder von der Bahn losreißen konnten, die er sich einmal bestimmt hatte, wo doch viele gerade dann, wenn sie hohen Geistes sind, so zart veranlagt zu sein pflegen, daß leichtes Murmeln schon sie von ihrem innersten Vorsatz abbringen kann. Und gerade denen geschieht das ihrer Art nach am ehesten, die nach dem Takt den Griffel zücken und die außer auf Gedanken und auf Worte auch auf das Gefüge der Sätze bedacht sind und daher mehr als andere der Ruhe und Stille bedürfen.

Du siehst also, daß wer weiß was für Leute mir einen

hassenswerten und zugleich lächerlichen Haß gegen jenen Mann lügnerisch angedichtet haben. Denn wie du siehst, habe ich keinen Grund zum Haß, sehr vielen dagegen zur Liebe: eben die Freundschaft vom Vater her, sein Ingenium und den in seiner Art unübertrefflichen Stil, der ihn weit außerhalb des Bereichs jedes Angriffs der Verachtung stellt. Das Zweite aber, womit man mir verleumderisch einen Vorwurf macht, ist etwas anderes gewesen, und als Beweis dafür wird herangezogen, daß ich nie sein Buch besessen habe, wo ich doch von frühester Jugend an, in der man nach solchen Dingen so außerordentlich begierig zu sein pflegt, meine Freude daran hatte, allenthalben Bücher aufzustöbern. Man wirft mir vor, daß ich stets mit so brennendem Eifer nach anderen Büchern gesucht habe, für die fast keine Hoffnung mehr übrig war, bei diesem einen jedoch, das ohne Schwierigkeit zu beschaffen war, in einer sozusagen neuen und mir gar nicht eigenen Weise lau gewesen bin. Ich gestehe, daß es geschehen ist, aber ich leugne, daß es in der Absicht geschehen ist, wie es diese Leute wollen. Ich hatte mich damals derselben Art des Dichtens ergeben, wie er, und übte meinen Geist in der Volkssprache. Ich konnte mir nichts Geschmackvolleres vorstellen und hatte noch nicht gelernt, nach Höherem zu streben, fürchtete jedoch, ich könnte, wenn ich mich in seine Worte oder in die eines anderen versenkte – da ja dieses Lebensalter schmiegsam ist und geneigt alles zu bewundern –, sogar wider Willen und ahnungslos zum Nachahmer werden. Wie mein Herz aber den Jahren entsprechend gar kühn war, verschmähte ich es, Nachahmer zu sein, und so viel Selbstvertrauen oder Überhebung hatte ich mir beigelegt, daß ich glaubte, meine Begabung würde auch ohne irgendeines Sterblichen Hilfe auf diesem Gebiet zu meiner und gewissermaßen zu einer eigenen Weise ausreichen. Wieweit ich dies zu Recht geglaubt habe, mögen andere beurteilen. Das eine will ich nicht verschweigen: Wenn irgend etwas, was in dieser Sprachgattung von mir gesagt worden ist, seinen oder eines anderen Worten ähnlich oder durch irgendeinen Zufall gleich gefunden werden sollte, so ist dies nicht durch Diebstahl oder in absichtlicher Nachahmung geschehen, denn diese beiden Dinge habe ich gerade in der Volkssprache ganz besonders wie Klippen gemieden. Wir sind vielmehr aus Zufall oder infolge der Ähnlichkeit unserer Begabungen, wie es Cicero ansieht, in denselben Fußspuren ahnungslos zusammengetroffen. Daß dem aber so ist, glaube es mir, wenn je du mir irgend etwas glauben willst. Nichts ist wahrer. Hätte es mir nicht die Scham, wie man glauben sollte, nicht die Bescheidenheit gewährt, so hätte es der Überschwang jugendlichen Herzens getan.

Heute freilich bin ich über diese Sorgen weit hinaus, und seitdem ich mich ganz von dieser Kunstart entfernt habe und die Furcht beseitigt ist, die mich befangen hielt, da kann ich nun alle die anderen und vor anderen ihn mit ganzer Seele betrachten. Der ich mich einst anderen zur Beurteilung preisgab, ich urteile nun in der Stille über die anderen, über die übrigen in verschiedener Weise, über ihn jedoch so, daß ich ihm ohne Zaudern die Palme der Dichtkunst in der Volkssprache gebe.

Es lügen also die, welche behaupten, ich wollte seinen guten Ruf verkleinern. Denn vielleicht weiß gerade ich besser als viele dieser abgeschmackten übermäßigen Lobhudler, was das ihnen Unbekannte eigentlich ist, das ihren Ohren schmeichelt, aber in ihre Seele nicht hinabsteigt, weil die Gänge ihres Ingeniums verstopft sind. Sind sie doch von jener Herde, die Cicero in seiner Rhetorik brandmarkt, da er sagt: *Sie lesen gute Reden oder gute Dichtungen, billigen Redner und Dichter und wissen nicht, aus welcher Regung sie billigen, weil sie nicht wissen können, worin das besteht, was sie so besonders erfreut, und was es ist und wie es gemacht wird.* Wenn dies dem Demosthenes und dem Cicero, dem Homer und dem Virgil bei Menschen mit literarischer Bildung und in den Schulen geschehen ist, was, glaubst du, wird da unserem Dichter beim ungebildeten Volk in den Schenken und auf dem Markt geschehen? Was mich angeht, ich bewundere diesen Mann, ich liebe ihn – ich verachte ihn nicht. Und vielleicht habe ich ein Recht zu sagen, es würde wenige Menschen geben, denen er ein aufrichtigerer Freund sein würde als mir, wäre ihm beschieden gewesen, bis zu diesem Zeitalter zu gelangen. Ich wage das zu behaupten, falls man nämlich am Charakter eines Menschen Freude hat, an dessen Ingenium man sich erfreut. Ebenso würde er auf der anderen Seite niemandem feindlicher gesinnt sein, als diesen höchst albernen Lobhudlern, die ganz gleichermaßen ahnungslos sind, was sie loben und was sie tadeln sollen, und die beim Vortragen seine Schriften zerfleischen und verderben, was doch das schlimmste Unrecht vor allem einem Dichter gegenüber ist. Riefe mich nicht die Sorge um meine eigenen Schriften in andere Richtung, vielleicht würde ich die seinen nach Kräften gegen diese höhnende Verunstaltung in Schutz nehmen. Nun aber beklage ich es und ergrimme darob, daß gar keine andere Möglichkeit bleibt, als die hehre Stirn seiner Dichtung von den Zungen dieser Leute anspeien und schänden zu lassen, und an dieser Stelle will ich, weil es gerade an diesen Ort gehört, nicht verschweigen, daß eben dies für mich nicht der letzte Grund war, diese Dichtungsart aufzugeben, der ich mich als Jüngling hingegeben hatte. Ich fürchtete nämlich für meine Schriften, was ich den Schriften anderer und besonders dessen, von dem wir reden, geschehen sah. Denn ich konnte nicht hoffen, daß in meinem Falle die Zungen der Menge geschmeidiger oder ihr Geist gelenker sein würden, als sie es bei diesen anderen waren, die ihr ehrwürdiges Alter und ihre vorgeschriebene Beliebtheit in den Theatern und in den Gassen aller Städte verbreitet hat. Und die Sachlage war Zeuge dafür, daß ich nicht unbegründete Furcht gehegt habe. Denn ich werde ja selbst in dem ganz wenigen, was ich mir in jugendlichem Mute während dieser Zeitspanne habe entschlüpfen lassen, andauernd von den Zungen der Menschen zerfleischt. Angeekelt und gegen das, was ich einstens liebte, von Haß erfüllt, treibe ich mich tagtäglich wider Willen und zornig auf meine eigene Begabung in den Laubengängen der Straßen herum. Überall ist die Schar der Ungebildeten, überall ist *Damöt* damit beschäftigt, *an allen Straßenecken* mein *unglückseliges Lied mit kreischendem Rohr zu verhunzen.*

Aber schon habe ich genug über eine Sache von so mäßiger Bedeutung gesagt, die ich niemals so ernsthaft hätte behandeln sollen. Hätte ich doch diese Stunde selbst, die nie und nimmer wiederkehren wird, anderen Sorgen zuwenden sollen. Ich habe es nur getan, weil deine Entschuldigung doch ein wenig nach der Anschuldigung dieser Leute zu schmecken schien. Die meisten nämlich pflegen mir, wie schon gesagt, Haß, andere aber Verachtung vorzuwerfen für jenen Mann, dessen Namen ich heute geflissentlich vermieden habe, damit nicht die alles hörende und nichts verstehende Menge mir mit dem Geschrei in den Weg tritt, sein Name werde dadurch geschändet. Andere aber werfen mir Neid vor, die nämlich, welche auf mich und auf meinen Namen neidisch sind. Bin ich auch gar nicht so sehr beneidenswert, so bin ich doch sicherlich nicht ohne Neider. Lange hatte ich es nicht geglaubt und sehr spät erst habe ich es bemerkt.

Dagegen habe ich vor vielen Jahren, als ich mich noch heftiger Leidenschaft hingeben durfte, nicht mit einem beliebigen gesprochenen oder geschriebenen Wort, sondern in einem Gedicht, das ich an einen ausgezeichneten Mann sandte, im Vertrauen auf mein gutes Gewissen zu bekennen gewagt, ich beneidete keinen Menschen. Aber es sei einmal unterstellt, ich wäre keines Vertrauens würdig. Was hätte es denn eigentlich für einen Anschein von Wahrheit, daß ich neidisch sein sollte auf den, der sein ganzes Leben an das gesetzt hat, woran ich doch kaum die Blüte meiner Jugend und die ersten Anfänge gesetzt habe? Was ihm, wo nicht als einziger, so doch jedenfalls als höchster Beruf des Künstlers galt, das war mir nur Scherz und Trost und erste Vorübung

143

für mein Ingenium. Wo ist da Platz für Neid, ich bitte dich, wo eine Möglichkeit des Verdachts? Denn das, was du unter deinen Lobsprüchen für ihn gesagt hast, er hätte auch den anderen Stil beherrschen können, wenn er es gewollt hätte, das glaube ich wahrhaftig! Ich habe eine hohe Meinung von seinem Ingenium: alles, worauf er seinen Sinn gerichtet hat, das hat er gekonnt, und das wird offenbar aus dem, worauf er ihn gerichtet hat. Und noch mehr: gesetzt, er hätte darauf seinen Sinn gerichtet, er hätte es gekonnt und vollendet. Was hätte ich da für Grund, ihn zu beneiden und nicht eher mich zu freuen? Wer Virgil nicht beneidet, wen soll der überhaupt beneiden? Ich müßte ihn dann gerade beneiden um den Beifall und das heisere Lobgemurmel der Tuchwalker, der Krämer und Metzger und Genossen, die den doch tadeln, den sie loben wollen. Dabei beglückwünsche ich mich doch, daß ich mit Virgil und Homer dies alles entbehre. Ich weiß ja, wieviel den Gelehrten das Lob der Ungelehrten gilt. Höchstens könnte man annehmen, der Mantuaner müsse mir lieber sein als mein Florentiner Mitbürger; die Herkunft an sich, ohne daß etwas anderes hinzutritt, verdient jedoch gar nicht solche Beachtung. Allerdings will ich nicht leugnen, daß unter Nachbarn der Neid besonders schlimm wütet.

Abgesehen jedoch von vielem, was ich gesagt habe, läßt schon der Unterschied der Lebenszeit diesen Verdacht nicht aufkommen. Denn mit Geschmack sagt ja der, der nichts Geschmackloses sagt: *Tote sind gegen Haß und Neid gefeit.* Du wirst mir Glauben schenken, wenn ich es beschwöre: ich bin vom Stil und vom Ingenium dieses Mannes entzückt, und nie habe ich anders als mit großen Worten von ihm gesprochen. Das einzige, was ich gelegentlich Leuten zur Antwort gegeben habe, die mich eingehender ausgefragt haben, ist das gewesen: er sei sich selbst nicht immer gleich gewesen. Denn in der Dichtung in der Volkssprache ist er herrlicher und höher aufgestiegen, als im lateinischen Gedicht und in lateinischer Prosa. Und das leugnest auch du nicht, und für die, welche richtig urteilen können, verkündet das nur des Mannes Lob und Ruhm. Von jetzt, da die Kunst der hohen Rede erloschen ist, will ich gar nicht reden: aber damals, als sie noch blühte, wer hat denn da auf allen ihren Gebieten gleichzeitig höchsten Rang gehabt? Du brauchst nur einmal des Seneca Bücher der Deklamationen zu lesen. Nicht dem Cicero, nicht dem Virgil, nicht dem Sallust, nicht dem Plato wird höchster Rang auf allen Gebieten zugleich zuerkannt. Wer darf es da wagen, nach einem Lob zu streben, das so großen Ingenien versagt geblieben ist? Es ist genug, wenn man auf einem Gebiet über alles überragend war. Da dies so ist, sollen die nur ja schweigen, die Verleumdungen zimmern, die aber, die den Verleumdungen vielleicht geglaubt haben, die mögen, wenn es ihnen beliebt, dies mein Urteil lesen.

Nun habe ich bei dir abgeladen, was mich bedrückt hat, und nun komme ich zum anderen: Du dankst mir, daß ich so sehr um dein Wohlergehen besorgt sei. Das war mehr Höflichkeit und übliche Redensart von dir, als daß du etwa nicht wußtest, daß es völlig überflüssig ist. Wem hat man denn je dafür gedankt, daß er für sich selbst und für sein eigenes Wohl gut gesorgt hat? In dir, mein Freund, wird meine Sache geführt. Gibt es auch in menschlichen Dingen nächst der Tugend nichts Heiligeres, nichts Gottgleicheres, nichts Himmlischeres als Freundschaft, so glaube ich doch, daß es ein Unterschied ist, ob man beginnt zu lieben oder geliebt zu werden, und ich glaube auch, daß Freundschaften, in denen wir einander wechselseitig Liebe schenken, weit heiliger zu halten sind als die, in denen wir Liebe nur empfangen. Um von vielem zu schweigen, worin ich mich durch deine Freundschaftsdienste und Freundschaftsgeschenke besiegt weiß, das eine kann ich nie vergessen: Als ich einst auf eiliger Reise in Italiens Mitte begriffen war, bist du mir, als schon der Winter wütete, flink nicht nur mit den Regungen des Herzens allein, die gewissermaßen Schritte der Seele sind,

nein, mit wirklicher Bewegung des Körpers aus wundersa-
mer Sehnsucht nach einem nie zuvor gesehenen Menschen
entgegengeeilt, nachdem du mir vorher ein nicht unedles
Gedicht zugesandt hattest. So hast du mir, den zu lieben du
beschlossen hattest, erst das Antlitz deiner Seele, bald auch
dein leibliches Angesicht gezeigt. Es war schon spät am Tag
und schon Dämmerlicht, da hast du mich, der ich nach
langem Fernsein heimkehrte und endlich von den Mauern
meiner Vaterstadt aufgenommen wurde, mit zuvorkommen-
der und über Verdienst ehrerbietiger Begrüßung empfangen
und hast die poetische Begegnung des Anchises mit dem
arkadischen König erneuert,

    dem entbrannte das Herz in jugendlich feuriger Liebe,
    anzureden den Mann und Rechte in Rechte zu legen.

Wenn ich auch nicht wie Anchises alle überragend daher-
schritt, sondern kleiner war als sie, so war doch nicht minder
brennend das Herz. Du hast mich nicht in die *Mauern von
Pheneos* geführt, sondern in das Allerheiligste deiner Freundschaft, ich habe dir nicht *den herrlichen Köcher* gegeben und
lykische Pfeile, sondern meine dauernde und aufrichtige
Zuneigung. Bin ich auch in vielen Dingen weniger, in dieser
einen Sache werde ich willentlich weder dem Nisus, noch
dem Pythias jemals weichen, noch auch dem Laelius.

Lebe wohl.

[Mailand, Sommer 1359]

An Giovanni Boccaccio in Florenz

*Aus einem Brief, in dem Petrarca dem von Todesprophezeiungen erschreck-
ten Freund zuredet und sich zur Wissenschaft bekennt.*

… **D**u schreibst, ein gewisser Petrus von Siena, ein Mann
von hervorragender Frömmigkeit und obendrein berühmt
durch Wundertaten, habe vor kurzem bei seinem Hingange

vielerlei über viele Leute, darunter einiges auch über uns beide prophezeit, und dies sei dir durch jemand überbracht worden, dem er es aufgetragen hätte. Als du diesen Boten nun genauer befragt hättest, wieso jener uns unbekannte heilige Mann uns überhaupt gekannt hätte, da habe er geantwortet: jener habe offenbar den Vorsatz gehabt, ein frommes Werk zu tun, er habe es aber nicht mehr ausführen können, da ihm schon, wie ich vermuten möchte, das nahende Ende angekündigt worden war. Da habe er mit wirksamem Gebet, das zum Himmel dringen mußte, zu Gott gefleht, daß er ihm für diesen Zweck geeignete Stellvertreter bezeichne, denen die Gottheit das gewähren möchte, was sie ihm selbst versagt, nämlich das begonnene oder richtiger nur beschlossene Werk zu Ende zu führen. Als er dann bei der Vertraulichkeit, die zwischen Gott und der Seele des Gerechten besteht, erkannte, daß er erhört sei, da habe er zur Bannung jeglichen Zweifels die Erscheinung Christi selbst gehabt und in dessen Gesicht alles erkannt, *alles, was ist, was war, was bald zu erscheinen bestimmt ist.* Nicht wie Proteus beim Virgil, sondern vollständiger, vollkommener und klarer! Denn was, ich bitte dich, hätte er nicht sehen sollen, da er Ihn sah, durch den alles erschaffen ward? Ihn mit sterblichen Augen schon geschaut zu haben, ist etwas Großes, ich muß es gestehen... vorausgesetzt, daß es wahr ist. Es ist üblich und alter Brauch, Erzählungen, die zum größten Teil erlogen und erdichtet sind, mit dem Mäntelchen der Religion und der Heiligkeit zu umkleiden, auf daß den menschlichen Betrug die Vorstellung von einer Gottheit decke.

Darüber will ich im Augenblick nicht aussagen. Erst muß jener Bote des Verstorbenen zu mir gekommen sein. Denn du zeigst ja an, daß er zuerst zu dir gekommen sei, weil du zufällig am nächsten wohnst. Nach Abgabe seines Auftrages habe er aber seinen Weg nach Neapel und von da aus nach Gallien und Britannien genommen, um zuletzt mich zu besuchen und den mich betreffenden Teil der Aufträge ordnungsgemäß auszurichten. Dann erst werde ich sehen, wieviel Glauben er bei mir zu finden Aussicht hat. Alles nämlich wird zum Rate aufgerufen werden: das Alter des Mannes, sein Gesicht, seine Augen, sein Benehmen, seine Haltung, seine Bewegungen, sein Gang, seine Art zu sitzen, selbst seine Stimme und seine Art zu reden, vor allem aber die Bündigkeit seiner Schlüsse und die hinter seinen Worten verborgene Absicht.

Jetzt nur soviel, wie ich aus dem, was er dir gesagt hat, herausbringe. Uns zwei und noch ein paar andere hat jener Heilige beim Scheiden von dieser Welt gesehen, und diesen allen sollte er gewisse geheime Botschaften übermitteln. Die Hauptsache von der ganzen Geschichte gehört dagegen, wenn ich mich nicht täusche, diesem, wie du glaubst, eifrigen und zuverlässigen Vollstrecker seines letzten Willens. Außerdem ist zweifelhaft, was die anderen von diesem zu hören bekommen haben. Du hast ja nur das gehört, was dich betrifft, und zwar die folgenden zwei Punkte (denn das übrige unterdrückst du): das Ende des Lebens stehe dir bevor und nur noch wenige Jahre sei dir Zeit gelassen. Dies der erste Punkt für dich. Außerdem werde dir die Beschäftigung mit der Dichtkunst untersagt. Dies der zweite und letzte! Daher also diese Bestürzung und diese deine Betrübnis, die ich mir beim Lesen zu eigen machte, beim Nachdenken aber ablegte. Auch du wirst sie ablegen, wenn du mir Gehör, ja wenn du nur dir und einer eingeborenen Vernunft deine Aufmerksamkeit schenkst. Du wirst dann sehen, daß du über etwas Schmerz empfunden hast, worüber man sich eher freuen sollte. Ich will das Gewicht der Prophezeiung nicht mindern: was Christus sagt, ist wahr. Unmöglich kann die Wahrheit lügen! Aber die Frage ist, ob Christus der Urheber dieser Sache ist, oder ob irgendein anderer, um einer Erfindung Glauben zu verschaffen, wie wir ja oft genug schon gesehen haben, den Namen Christi sich angeeignet hat.

Sei es drum! Nehmen wir aber zunächst einmal an, die

Sache würde unter Leuten verhandelt, die Seines Namens unkundig sind. Wenn Dichter und Philosophen der Heiden Glauben verdienen, so pflegten nach den Worten griechischer, aber auch unserer Schriftsteller Sterbende vieles zu weissagen...

Über die Wahrheit dieser Dinge und über ihre Ursachen zu disputieren, ist hier nicht der Ort. Aber mag dies wahr sein und auch das, was durch andere Ähnliches überliefert wird, und endlich sogar das, was dein Bangemacher meldet. Was erregt dich denn daran in solchem Grade? Aus Gewöhnlichem und Bekanntem machen wir uns nichts, Unerwartetes dagegen erschüttert und verwirrt uns. Hättest du denn, ich bitte dich, nicht gewußt, daß dir nur noch eine geringe Lebensspanne übrig ist, wenn es dir jener nicht gesagt hätte? Nicht einmal ein heute geborenes Kind würde es nicht wissen, wenn es die Vernunft gebrauchen könnte: die Lebensfrist aller Sterblichen ist kurz, im Greisenalter am kürzesten, obwohl, wie wir täglich zu beklagen und zu betrauern haben, entgegen den Vermutungen und Hoffnungen der Menschen der Tod die der Geburt entsprechende Reihenfolge verkehrt, so daß zuerst weggeht, wer zuletzt gekommen ist. Fürwahr, von jeher sind wir Schatten, Traum und Blendwerk gewesen, und nichts ist letzten Endes das Leben, das man hier führt, als ein Tummelplatz der Trauer und Mühe. *Ein* Gutes hat es: es ist der Weg zum anderen Leben. Sonst ist es nicht nur verächtlich, sondern geradezu hassenswert und elend, und mit gutem Bedacht wird von ihm gesagt: *Weitaus das Beste ist, nicht geboren zu werden, und das Nächstbeste, möglichst rasch zu sterben...*

Hierzu wird nun noch viel von anderen gesagt, und auch von uns selbst, die wir durch böse Erfahrungen wissend geworden sind, könnte hierzu noch viel gesagt werden. Dir gegenüber ist das aber höchst überflüssig...

Was auch von dem vielen, was wir gesagt haben, das Wahrste sein mag, wir müssen auf alle Fälle dies Leben zwar nicht zu sehr lieben, aber doch bis ans Ende ertragen und durch dies Leben selbst wie auf einem höchst beschwerlichen Pfade zu einem anderen, zu dem ersehnten Vaterlande streben. Fürwahr, Ungeborene können wir nun einmal nicht sein. Wenn aber das Leben ungewiß und mißlich, wenn es gefährlich oder schlecht ist, woran, glaube ich, kein Lebender zweifelt, falls er nicht, durch leere Lüste verblendet, die wahre Selbsterkenntnis und Selbstbeurteilung verloren hat, so folgt daraus nur, daß eine schlechte Sache ein gutes und wünschenswertes Ende hat. Wenn also das Leben zu beweinen ist, was ich für das Leben, soweit es als solches betrachtet wird, vielleicht nicht leugnen sollte, so muß man nicht deshalb weinen, weil es aufhört, sondern weil es begonnen hat. Dies pflegten auch, wie uns überliefert wird, einige Völker zu tun, und ich könnte mit Recht sagen, daß sie von Natur Philosophie besaßen, da sie bei der Geburt der Ihren weinten, beim Ende fröhlich waren.

Der Grund für die Furcht vor dem Ende ist aber nicht so sehr der kurze Genuß am Leben als die Angst vor der ewigen Strafe. Dieser würde man aber nicht entgehen, selbst wenn man sie hinausschieben könnte, es sei denn mit Hilfe der Tugend und der Barmherzigkeit; aber sie läßt sich ja nicht einmal hinausschieben. Nicht den Tod sollten wir also fürchten, denn dies wäre doch vergebens, wir sollten vielmehr die Lebensführung bessern. Dies allein wird es dann vermögen, daß der Tod nichts Grausiges mehr hat. Unterdessen sollen wir mit dem Tode selbst Vertraulichkeit pflegen, nicht nur seinen schrecklichen Namen, sondern die Vorstellung, das Bild der Sache selbst, sollen wir zu unserem Verkehr heranziehen. So werden wir ihn, wenn wir uns oft in ihn versenkt haben, unerschrocken empfangen, wenn er dann wirklich kommt, und werden nicht wie vor einem Unbekannten vor ihm erschrecken. Dies ist die Lehre Platos und der hervorragenden Philosophen nach ihm, die die Philosophie selbst und das ganze Leben der Weisen als Sichversenken in den Tod definieren. Das hat auch der Apostel Paulus gemeint, da er sagt, *er stürbe täglich*, denn auf natürlichem Wege kann niemand mehr als einmal sterben. Daß wir aber öfters sterben und die nach der Meinung des Pöbels so furchtbar harte Sache durch Gewohnheit mildern, das wird das häufige Sichversenken bewirken, nicht die Natur. Was für ein Sichversenken die Philosophen meinten, wissen sie schon selbst. Nun aber ist es in weit herrlicherer Klarheit da als zuvor: unser, das heißt, der Christen Sichversenken: Christus selbst und Christi lebenspendender Tod, der Sieg über den Tod...

Ich lasse anderes beiseite, und wenn das, was hier steht, mehr geworden ist, als du gewünscht hättest, verzeihe mir! Es zielt doch nur darauf, dich dahin wieder zurückzubringen, wovon dich deine Trauer weggelockt hatte. Du sollst das Leben nicht zu sehr lieben und das Lebensende nicht hassen oder fürchten. Du sollst nicht betroffen sein, weil es dem vorgerückten Alter nunmehr nahe ist, da es doch niemals, so fern man es sich auch vorstellen mochte, fern war, nicht von dem Knabenalter, ja nicht einmal von der Kindheit. Darüber staune eher, daß dir beschieden ist, was meines Wissens in allen Jahrhunderten nur noch dem Könige Hiskia geschah: denn du hast ja nun durch den Spruch deines Propheten die Gewißheit, daß dir auch jetzt noch einige Lebensjahre aufbehalten sind. Es können nämlich nicht gar so wenig sein, da es doch mindestens zwei sind. Und während doch kein Sterblicher Einblick nur in einen Tag, ja nur in eine Stunde hat, hast du die feierliche Zusage für Jahre, es sei denn, man glaubt zwar dem Propheten, soweit er Bote des nahen Todes ist, nicht aber, soweit er die Lebensfrist bestimmt. Das ist ja in der Tat das Unangenehme an derartigem Gerede, daß Unheilsbotschaften sichere Beängstigung und sicheren Schmerz bringen, gute Prophezeiungen dagegen leere Freude und ungewisse Hoffnung, wie auch immer die Sache ausgehen mag. Hätte man sich nicht an Virgils Gedicht erinnern sollen:

Fest steht jedem sein Tag und rasch und unwiederbringlich Jedem das Leben verrinnt. Doch Dauer müssen dem Ruhme Taten der Tugend verleihn...

Dies möchte ich einen heilsamen Rat nennen, den einzigen in dieser Wirrnis möglichen Rat...

Im Bewußtsein, daß er poetisch ist, will ich jedoch deine Ohren lieber damit verschonen. Denn all solches Denken ist dir ja verboten. Dieses Verbot hat mich mit viel größerer Betroffenheit erfüllt als der erste Punkt. Mit Gleichmut würde ich es ertragen, würde zu einem Greise, der noch ein Elementarschüler wäre, wie man es zu nennen pflegt, so gesprochen: »Du bist ein Greis geworden, schon ist der Tod dir nahe, bekümmere dich um deine Seele! Unangemessen für einen Greis und beschwerlich ist Beschäftigung mit der Wissenschaft, wenn sie als etwas Neues und Ungewohntes zugemutet wird; ist man dagegen gemeinsam mit ihr alt geworden, dann gibt es nichts, was erfreuender wäre. Laß also dies späte Bemühen fahren, laß die Musen des Helikon und den kastalischen Quell! Viel mochte einem Knaben wohl anstehen, was sich für einen Greis nicht mehr geziemt. Vergebens mühst du dich: gelähmt ist dein Geist, dein Gedächtnis ist im Schwinden, das Auge umnebelt sich, alle Sinne werden stumpf und zu gebrechlich für neues Wirken. Wäge deine Kräfte und bemiß, was du in Angriff nimmst, sonst bricht der Tod herein und macht all dein Bemühen zuschanden. Tu lieber das, was allzeit wohlgetan ist, was zwar für jedes Lebensalter schicklich ist, für das letzte Alter jedoch dringend notwendig!«...

Das wäre herrlich und klug gesprochen! Dagegen...

»Laß die Wissenschaften fahren, die poetischen so gut wie alle anderen, trotzdem du kein Rekrut mehr in ihnen bist, sondern ein ausgedienter Veteran, trotzdem du weißt, was du mit ihnen aufzugeben hast, trotzdem in ihnen nicht etwa nur die Mühe, sondern die edelste Lust und Annehmlichkeit des Lebens beschlossen ist!« Was das anderes sein würde, als

Raub von Trost und Schutz für das Greisenalter, das kann ich wirklich nicht einsehen!...

Im Gesamtergebnis verstehe ich nicht, wozu sich dann überhaupt die Menschen – von Greisen ganz zu schweigen – den Wissenschaften hingeben sollten. Nichts freilich ist wohlgetan, was zur Unzeit geschieht. Warum sollte aber jemand im Greisenalter gehindert werden, mit Vernunft zu verwerten, was er von Kindheit her in sich aufgenommen hat?...

Wir wollen uns nicht durch Ermahnung zur Tugend noch durch das Schreckbild nahen Todes von den Wissenschaften abschrecken lassen. Wenn diese in eine edle Seele aufgenommen sind, da erzeugen sie Liebe zur Tugend, und die Todesfurcht beseitigen sie entweder oder sie mindern sie. Was wir erwarben, um Weisheit zu erlangen, das soll uns nicht den Verdacht öden Unglaubens zuziehen. Denn die Wissenschaften sind kein Hindernis für den, der sie besitzt, sie sind ihm vielmehr eine Stütze, wenn er von guter Art ist; sie fördern den Lauf des Lebens, sie halten ihn nicht auf. Wie es mit Speisen geht, daß sie einen kranken und schwachen Magen überlasten, einen gesunden und hungrigen dagegen gut ernähren, so geschieht es in den Wissenschaften. Einer lebenskräftigen und gesunden Veranlagung ist vieles heilsam, was einer schwächlichen Krankheit bringt. In beiden Fällen handelt es sich eben um die Fähigkeit, richtig auszuscheiden. Denn wenn dem nicht so wäre, niemals wäre dann jenes so hochgepriesene hartnäckige Streben bis zum letzten Atemzug bei so vielen möglich gewesen...

Ich weiß, daß es viele zu außerordentlicher Heiligkeit gebracht haben, ohne gelehrtes Wissen. Niemand ist jedoch ausgeschlossen worden wegen seines gelehrten Wissens, obgleich ich höre, daß man selbst dem Apostel Paulus Wahnsinn vorwirft, den er sich durch Beschäftigung mit den Wissenschaften zugezogen habe – mit wieviel Recht, das weiß die ganze Welt. Ich jedenfalls – wenn ich von mir selbst sprechen darf – fühle so: ein vielleicht ebener, aber gar zu bequemer Pfad führt durch Unwissenheit zur Tugend. Eins ist das Endziel alles Guten, vielfältig aber sind dorthin die Pfade, und groß ist die Mannigfaltigkeit derer, die zu ihm streben. Dieser gelangt langsamer ans Ziel, jener schneller, dieser mehr im Dunkel, jener in hellerem Licht; dieser erwirbt sich einen tieferen Platz, jener einen in größerer Höhe. Die Pilgerfahrt eines jeden von ihnen ist zwar glückselig, aber sicherlich ist diejenige von herrlicherem Ruhme erhellt, die auf strahlenderer, höherer Bahn dorthin führte. Daher es denn kommt, daß ergebene, noch so fromme Bauerneinfalt der frommen Hingabe des Gebildeten nicht vergleichbar ist. Und auch du wirst mir aus jener Schar keinen Armen an wissenschaftlicher Bildung nachweisen, der so heilig wäre, daß ich ihm nicht aus der Zahl dieser anderen einen noch heiligeren entgegenstellen könnte. Da ich aber von diesen eben, wie es der Stoff verlangte, oftmals schon reden mußte, will ich dich heute nicht weiter damit aufhalten.

Wenn du aber auf deinem Vorsatze beharrst und wenn du alle jene Studien, die wir längst hinter uns gelassen haben, und auch alle Wissenschaften in ihrem gesamten Umfange von dir werfen, wenn du sogar deine Bücher verkaufen und damit also das Werkzeug der Wissenschaft selbst wegwerfen willst... wenn dies wirklich dein unwiderruflicher Entschluß ist, dann ist es mir – bei Gott – lieb, daß ich, der unersättlich Büchergierige, wie du mich nennst, durch dein Urteil vor allen anderen ein Vorzugsrecht bei diesem Kaufe erhalten habe. Ich will gar keinen Hehl daraus machen, daß ich gierig auf Bücher bin. Denn wollte ich es leugnen, so würde ich durch meine eigenen Schriften überführt werden. Mag es nun aber noch so sehr den Anschein haben, als kaufte ich nur, was mir zukommt, ich möchte auf keinen Fall, daß die Bücher eines Mannes von deiner Bedeutung hierhin und dorthin verstreut und, wie es so geht, von profanen Händen betastet werden. Gerade wie wir zwar körperlich getrennt, im Geiste jedoch vereint gewesen sind, so soll dies unser wissenschaftliches Rüstzeug nach uns, wenn Gott meinen Wunsch erhört, an einen stets unser Gedächtnis bewahrenden heiligen und frommen Ort gelangen, und zwar ungeteilt. So habe ich es nämlich festgesetzt, seitdem der starb, von dem ich gehofft hatte, er werde der Nachfolger in meinen Studien sein. Ich kann aber nicht, wie deine Nachsicht mir gewährt, Preise für die Bücher festsetzen, da ich weder ihre Titel, noch ihre Anzahl, noch auch ihren Wert genau kenne. Setze mir die Sache brieflich auseinander und dies unter folgender Bedingung: Vielleicht wird dir einmal in den Sinn kommen, den Rest des Lebens, so kurz er auch noch sein mag, bei mir zu verbringen, wie ich es immer gewünscht habe, und wie du mir auch einmal, so scheint es mir, versprochen hast. Dann sollst du dieselben Bücher und die anderen, die nicht minder dein sind, wenn ich sie dann vereinigt habe, so beieinander finden, daß es dir scheinen wird, als sei nichts weggenommen, sondern im Gegenteil, als sei einiges dazugekommen.

Den Schluß mag bilden: Da du vielen, darunter auch mir, Geld zu schulden bekennst, möchte ich dies für meinen Teil bestreiten, und ich muß mich wundern, was du da für einen höchst überflüssigen, um nicht zu sagen ungereimten Gewissenszweifel hast. Du schuldest mir nichts, außer freundschaftlicher Liebe, und auch die schuldest du mir nicht, da du sie ja, ich muß es gestehen, schon längst nach Treu und Glauben völlig abbezahlt hast. Es müßte denn sein, daß du stets in Schuld bleibst für das, was du immerfort empfängst, aber du zahlst ja auch beständig und schuldest also niemals. Wenn du dich nun aber, wie früher schon so oft, über deine Armut beklagst, will ich dir dazu keine Trostschriften, auch keine Beispiele berühmter Armer zusammentragen. Sie sind dir bekannt, wozu also? Ich antworte dir aber mit klaren Worten und immer mit den gleichen: Ich lobe es, daß du die Freiheit des Geistes und die Ruhe in Armut vorziehst, da ich dir große, wenn auch späte Reichtümer verschaffen will; daß du

den Freund verschmähst, der dich so oft zu sich ruft, kann ich
nicht loben. Von hier aus vermag ich nicht, dich reich zu
machen. Wenn ich es vermöchte, würde ich nicht mit Worten, nicht mit der Feder – nein mit Taten zu dir sprechen. Ich
habe aber gerade nur so viel, daß es im Überfluß für zwei
ausreicht, die *ein* Herz haben und *ein* Haus. Du tust mir
Unrecht, wenn du mein Angebot verschmähst, noch mehr
Unrecht aber, wenn du mir nicht Glauben schenkst. Lebe
wohl.   Zu Padua, am 28. Mai [1362]

An Guido Scetten in Genua

*Der alternde Petrarca will mit dem Jugendfreunde unter dem Gesichtspunkt
des Satzes von der Verschlechterung der Zeiten einen Rückblick auf sein
Leben tun. Um diese Lebensbeschreibung zu vervollständigen, hat er für die
Aufnahme in die Sammlung den Brief später noch durch Einschübe erweitert,
von denen einer einem früheren Briefe an den Freund entnommen ist.*

Gleich zu Anfang, das weiß ich, steht mir der Spruch des
Horaz im Wege, in dem dieser von den Eigenheiten der
Greise handelt und sagt, ein jeder alte Mann sei *schwierig,
nörglerisch und ein Lobsprecher der Zeit seines Knabenalters.* Ich
leugne freilich nicht, daß dies zutrifft. Wenn es mir aber
anderswo oft im Wege sein mag, für diesen Brief, so sage ich,
ist es kein Hindernis. Ich mag wohl sehr nörglerisch und ein
starker Lobsprecher des Alten sein, oft erklingt die Wahrheit
aber gerade aus einem Mund, der zu lügen gewohnt ist.
Dabei ist es dann ganz gleich, ob das Lob des Alten oder die
Klage über die Gegenwart sich späterhin als wahr und berechtigt herausstellt. Mag aber jener Autor der Wahrheit den
Glauben versagen, sie selbst verschafft sich ihn. Und so sage
ich denn, und ich hoffe, auch du wirst es zugestehen; ich sage

es und beklage es, und soweit es einem Manne ansteht, betraure ich es auch: Warum müssen wir unser Alter in viel schlechteren Zeiten verbringen als die gewesen sind, da wir Knaben waren?

Ich glaube allerdings, des Menschen Leben gleicht einem Baum. Wie ein Baum hart wird und dann die Unbilden des Himmels und die Unwetter in den Lüften erträgt, genau so erträgt der Mensch, sobald er härter geworden, Beschwerden der Welt und Stürme des Geschicks, die er nicht ertragen hätte, solange er noch zarter war. Dieser Trost paßt aber wohl auf uns, auf andere paßt er nicht. Denn während wir altern, wachsen Unzählige heran, und viele wurden damals alt, als wir heranwuchsen. So mag den jetzt Heranwachsenden noch ein ruhiges Greisenalter beschieden sein, gerade wie diese anderen eine unruhige Kindheit durchlebt haben mögen.

Daher will ich nun anderes beiseite lassen und zu dem kommen, was uns betrifft: Wahrlich, gerade wie wir durch das Leben widerstandsfähig genug geworden sind, um Widriges zu ertragen, so sind wir auch vielem gegenüber gebrechlicher geworden und – niemand wird es leugnen – allem gegenüber unwilliger. Es gibt ja nichts so Unwilliges wie das Alter. Mag es gelernt haben, seine Gemütsbewegungen zu zählmen und zu verbergen, es fühlt sie doch, und kein Lebensalter ist so tief ermüdet und so gründlich von des Lebens Mühsalen aufgerieben wie eben das der Greise. Das ist meine Meinung, und ich habe sie nicht durch Hören oder Lesen, sondern durch Erfahrung erworben. Ich weiß nicht, ob du sie billigst, sicherlich wird dich aber die mehr als sonnenklare Wahrheit selbst zwingen, zu billigen, was ich von der Verschlechterung der Zeiten und über ihren Ruin zu sagen unternommen habe.

Ich glaube jedoch, es wird nicht unangenehm und nicht unnütz sein, uns jetzt auch ein klein wenig vergangener Zeiten zu erinnern. Wende daher deine Augen nach rückwärts, so weit du kannst, auf jenen ersten Abschnitt unseres Lebens, den du in deiner Heimat verbracht hast, ich in meinem Exil. Schwerwiegende Beweisgründe wirst du freilich aus diesem Lebensabschnitt nicht hernehmen, denn man hat ja nur wenig Licht des Verstandes und der Seele in jener Zeit.

Gerade auf der Scheide zwischen Kindheit und Knabenalter aber wurden wir einmal zu gleicher Zeit zufällig ins transalpine Gallien gebracht, in jenes Gallien nämlich, das heute die Provinz Provence genannt wird, ehemals aber die Provinz des Arelats hieß. Augenblicks hat uns damals, soweit eben solch kindliches Alter dazu fähig ist, eine Freundschaft fest zusammmengefügt, die bis ans Ende dauern wird, und wir haben die gemeinsame Lebensreise begonnen. Von deinem Genua will ich hier nicht reden, von der Pforte, die wir damals durchschritten. Du bist ja im Gebiet dieses Ortes geboren und stehst jetzt dort auf hohem Gipfel als Bischof; du kennst also alles. Ich habe zudem ausführlich darüber dem Dogen und dem Rat dieser Stadt geschrieben und weiß auch, du kennst jenen Brief und billigst ihn. Das Ziel unserer kindlichen Pilgerfahrt war jene Stadt, die bei den Alten Avennio hieß, von den Neueren Avignon genannt wird. Dieser Ort, wo der Römische Pontifex und mit ihm die Römische Kirche seit kurzem in der Fremde weilten, um bis ins sechzigste Jahr nicht wieder an ihren Sitz zurückzukehren, war eng und besaß nur wenige Häuser, außerdem quoll er über von einem Schwall von Einwohnern. Daher beschlossen denn unsere Alten, daß die Frauen mit den Knaben sich in den nächsten Ort begeben sollten. Bei diesem Umzug wurden auch wir beiden noch unerwachsenen Knaben mit den anderen zusammen fortgeschickt, jedoch zu einem anderen Zwecke, nämlich zum Besuch der Grammatikschule.

Carpentras ist der Name des Ortes, die Stadt zwar klein, aber Haupt einer kleinen Provinz. Du hast doch diese Spanne von vier Jahren in Erinnerung behalten, wie angenehm, wie sicher es dort war, wie ruhig zu Haus, wie frei in der Öffentlichkeit man lebte, wie schön die Muße und Stille auf dem Lande war. Du wirst, glaube ich, ebenso empfinden. Noch jetzt bin ich dieser Zeit dankbar, vielmehr dem Urheber jeglicher Zeit, der mir diesen Lebensabschnitt so ruhig gestaltet hat, daß ich, eben da mein Geist noch schwächlich war, ohne jede äußere Störung die sanfte Milch kindlicher Lehre schlürfen durfte, um so Kräfte zu erhalten für stärkere Nahrung.

Aber es könnte jemand sagen: Wir haben uns gewandelt, und daher kommt es, daß uns zugleich alles verwandelt erscheint. So scheint für das Auge und für den Gaumen dasselbe anders, wenn sie gesund, anders, wenn sie krank sind. Ich will es gestehen: wir sind verwandelt. Wer sollte sich denn auch in so langer Zeit nicht wandeln, sei er selbst nicht von Fleisch, sondern von Eisen oder Stein? Dem Alter weichen eherne und marmorne Statuen, von Menschenhand emporgetürmte Städte und Burgen, die auf der Berge Gipfel lasten; ja Dinge, die noch härter sind, massive Felsen, rollen vom Gebirge herab. Was soll man da glauben, daß der Mensch tun wird, ein sterbliches Wesen mit gebrechlichen Gliedern, von zarter Haut umschlossen? Ob jedoch die Wandlung so groß ist, daß sie uns Urteilskraft und Macht über die Sinne geraubt hat, während die Seele die gleiche geblieben ist, das könnte ich erst dann so recht ermessen, kehrte die Zeit zurück, so wie sie damals war, uns, wie wir heute sind. Ganz und gar nicht würde sie uns dann so erscheinen, wie sie uns damals erschien – denn damit würde ich ja sagen, daß in all den Jahren nicht das geringste geschehen sei. Stets würde sie uns jedoch weit besser und viel ruhiger erscheinen als die Zeit, die jetzt ist. Mögen die Augen eine so winzige Kleinarbeit, wie die Radspeichen an der Quadriga des Myrmecides, nicht erkennen können, die, wie einige behaupten, von einer Fliege zugedeckt werden konnte; mögen sie die Füße und die anderen der Schärfe des menschlichen Sehvermögens spottenden Glieder der Ameisen des Kallikrates nicht zählen können, mögen sie schließlich auch jene Ilias nicht leicht und klar lesen können, die nach Cicero so minutiös geschrieben gewesen sein soll, daß sie in eine Nußschale eingeschlossen werden konnte. Deshalb sind sie doch nicht etwa in Dunkelheit gehüllt, so daß sie Städte, Straßen, Bürger, ihre Sitten und ihr Gehaben, Häuser und Kirchen nicht sehen könnten, und daher bleibt denn auch der Geist fähig zu erkennen, daß alles verwandelt und zum Schlechteren verkehrt ist.

Haben wir jene kleine Stadt nicht später oft wiedergesehen, derart verschieden von ihrer früheren Gestalt, daß es scheinen müßte, als sei man geistesgestört, wollte man eine so außergewöhnliche Veränderung nicht sehen?

Wenige Jahre, nachdem wir von dort weggegangen waren, ist sie der Sitz der Streitigkeiten der gesamten Provinz geworden, was sie früher nicht war, oder richtiger eine Behausung der Teufel. Es schwand die ruhige Muße, die Freude, die Ruhe, alles war nun voll von gerichtlichem Tumult und Geschrei. Was wirft man da uns unsere Verwandlung vor? Da wir anderswohin verpflanzt wurden, konnten wir uns allerdings durch Ortsveränderung und zunehmendes Altern sehr wohl wandeln, und zweifellos haben wir uns auch immerfort gewandelt. Aber hier erkannten ja die eigenen Bürger kaum ihre Vaterstadt wieder, wie wir oft genug aus ihren Wünschen ersahen, die sie unter Klagen vorbrachten. Diese Veränderung, könnte jemand sagen, geschah jedoch zugunsten der Gerechtigkeit, die eben selten ohne Geschrei ausgeübt werden kann. Ich rede aber gerade von der Veränderung selbst, nicht von ihren Ursachen. Hatte das vielleicht auch etwas mit Gerechtigkeit zu tun, daß nach Jahren dieselbe Stadt und die umliegende Gegend, die ganz sicher aus Ehrfurcht vor dem apostolischen Stuhle, dem sie untertan ist, frei von Waffenlärm und überhaupt jedem Bewaffneten verschlossen zu sein schien, von räuberischen Kriegshorden nicht etwa nur geplagt, nein verwüstet und ins äußerste Elend gebracht worden ist? Hätte uns Knaben damals jemand prophezeit, daß so etwas je geschehen würde, wäre uns ein solcher Mensch nicht als ein unerwünschter und gar unsinniger Prophet erschienen?

Ich will aber die Reihenfolge innehalten. Und wenn ich auch von bedeutenderen Dingen reden könnte, so rede ich doch lieber mit dir von den Dingen, die wir beide gemeinsam gesehen haben, damit dein Gedächtnis unserer Behauptung Bürgschaft bieten kann. Dann sind wir also zugleich – denn was haben wir nicht alles noch in einem großen Teil des Lebens getrennt getan! – schon nahe am Beginn des Jünglingsalters nach der damals so blühenden Stadt Montpellier zum Rechtsstudium geschickt worden und haben dort vier Jahre zugebracht. Die Stadt war zu dieser Zeit in der Gewalt des Königs der größeren Baleareninsel Majorca, außer einem kleinen Winkel des Ortes, der dem Könige von Frankreich untertan war. Aber dieser brachte dann – wie immer die Nachbarschaft Hochmögender zu Übergriffen führt – binnen kurzem die Herrschaft über die ganze Stadt an sich. Was war damals auch dort für ein ruhiges Leben, was für ein Frieden! Wie groß war der Reichtum der Kaufmannschaft, wie groß die Menge von Scholaren und Magistern! Wie groß ist dagegen jetzt die Armut an all dem, wie haben sich alle öffentlichen und privaten Verhältnisse gewandelt! Das wissen wir und das fühlen auch die Bürger, die beide Zeiten gesehen haben.

Von da gingen wir nach Bologna, in die Stadt, von der ich glauben möchte, daß keine auf dem ganzen Erdkreis so angenehm und frei war, wie sie. Du erinnerst dich doch noch genau an die Zusammenkünfte der Studenten, an die Ordnung, an die wachsame Sorgfalt, an die Würde der Professoren? Man hätte glauben können, die Rechtslehrer der Alten seien wiedererstanden! Heute gibt es fast nichts mehr davon, und an Stelle so vieler und so großer Ingenia ist in jene Stadt die Ignoranz eingezogen. Wäre sie es wenigstens als Feindin, nicht als Gast, und, wenn schon als Gast, so doch nicht als Bürgerin! Aber ich fürchte sehr, sie herrscht dort als Königin; so scheinen alle die Waffen von sich geworfen zu haben und besiegt die Hände emporzustrecken.

Was war dort zu jener Zeit auch für ein Überfluß an allen Dingen, was für eine Fruchtbarkeit! Hieß die Stadt doch mit vorangeschriebenem Beiworte über alle Länder hin das »fette Bologna«! Allerdings beginnt sie nunmehr, ich gestehe es, durch die Frömmigkeit und die Einsicht des Papstes, der jetzt an der Regierung ist, wieder aufzublühen und wieder fett zu werden, aber bisher hätte man nichts so Mageres und so Ausgedörrtes finden können wie sie, hätte man sie auf Magen und Mark geprüft. Als ich vor zwei Jahren zu dem vorzüglichen Mann zu Besuch kam, der kurz vorher als Legatus a latere, wie sie es selbst bezeichnen, zur Regierung dorthin geschickt war, und als wir nach Umarmungen, die mir kleinem Gast eine Freude und höchste Ehre waren, ein Gespräch über verschiedene Dinge begonnen hatten, da sagte er mir auf meine Frage nach dem Zustande des Staates, witzig, wie er in schlechten Tagen stets zu scherzen pflegte: »Dies, mein Freund, war einst Bologna (die Stadt des Guten), jetzt aber ist es Macerata (die Ausgemergelte)«, indem er den Namen eines Ortes in Picenum in den Witz hineinbezog.

Du fühlst, wie ich glaube, daß ich mit einer Art von süßer Bitterkeit bei diesen traurigen Dingen wie bei der Erinnerung an etwas Gutes verweile. Ich glaube, es haftet in meinem Gedächtnis und in dem deinen unauslöschlich und fest die Spur jener Zeit, da ich dort einer der Studiosen war. Schon hatte die glühendere Zeit begonnen, schon war ich ins Jünglingsalter eingetreten und schon wagte ich mir mehr, als ich gedurft hatte oder als ich gewohnt war. Ich ging mit Altersgenossen umher, an Festtagen streiften wir weiter hinaus, so daß uns das Tageslicht oft auf den Feldern im Stiche ließ und wir in tiefer Nacht erst heimkehrten. Die Pforten standen offen, und wenn sie einmal zufällig geschlossen waren, so hatte die Stadt doch keine Mauern, nur ein gebrechlicher, vom Alter zerfressener Wall umgab die furchtlose Stadt. Wozu hätte sie auch Mauern gebraucht, wozu einen Wall in so großem Frieden? So waren viele Zugänge anstatt eines einzigen und jeder suchte sich den bequemsten Eingang, nichts war schwierig, nichts verdächtig. Daß Mauern, Türme, Bastionen, bewaffnete Posten und nächtliche Wachen nötig wurden, das hat erst das Gift innerer Tyrannei bewirkt, dann der Hinterhalt und die Angriffe auswärtiger Feinde.

Warum käue ich aber Allbekanntes wieder und zwinge meine Feder bei Bologna zu verweilen? Nur, weil meine Erinnerung an dies Bologna von ehedem so frisch ist, daß ich zu träumen glaube und nicht mehr mit meinen Augen zu sehen, so oft ich es zu sehen bekomme. So sehr ist schon seit vielen Jahren an die Stelle des Friedens der Krieg, an die Stelle der Freiheit die Knechtschaft getreten. Der Überfluß ist der Armut gewichen, die Spiele dem Trauern, die Gesänge den Klagen, und Jungfrauenchöre haben Räuberhorden Platz gemacht. Und so schien mir außer den Türmen und Kirchen, die noch stehen und von ihrer Höhe auf die arme Stadt herabschauen, das, was Bologna hieß, irgend etwas anderes zu sein, nur nicht Bologna. Wir wollen nun aber Bologna verlassen: Nachdem drei Jahre um waren, kehrte ich nach Haus zurück. Ich spreche von jenem Zuhause, das mir mein gütiges Geschick – ja wenn es nur gütig gewesen wäre! – an Stelle des am Arno verlorenen Hauses am trüben Ufer der Rhone wiedergegeben hatte. Dieser Ort aber ist vielen anderen von Anfang bis Ende und besonders mir als der schlechteste von allen erschienen. Er schien aber nach stets sich gleichbleibendem Urteil noch nicht einmal seiner selbst wegen so, sondern wegen der hier aus der ganzen Welt zusammengeströmten, zusammengeführten und zusammengewachsenen Niedertracht und Gemeinheit. Er ist aber noch viel schlechter geworden, als er war, und nur ein unverschämter Lügner könnte wagen zu leugnen, daß der Ort, mit sich selbst verglichen, in seinem früheren Zustande als der besten einer erscheinen durfte. Ich will nicht bei Einzelheiten verweilen. Es gibt aber an diesem Ort keine Treue, keine Liebe und, wie es von Hannibal heißt, nichts Wahres, nichts Heiliges, keine Furcht Gottes, keinen Eid, keine religiöse Scheu. Und dabei hätte die Stadt, zwar nicht um ihrer selbst willen, wohl aber weil sie vom Leiter der Christenheit auserwählt war, die Hochburg der wahren Religion sein müssen. Es war jedoch damals dort dem Augenscheine nach viel Sicherheit und Freiheit. Die sind aber so ganz und gar untergegangen, daß die Stadt unter anderem in eine dort bisher unerhörte und nie gekannte Knechtschaft von Zöllnern geraten ist, und daß es unter dem schweren Druck der Furcht vor Feinden, die ohne Unterlaß um sie herum tobten, nötig geworden ist, sie mit neuen Mauern zu umgeben. Wo früher die ganze Nacht alles offen stand, hat man mitten am Tag die Zugänge zu den Toren mit Bewaffneten gesperrt. Doch selbst das hat nichts geholfen, und die Rettung für die durch Waffen und Mauern schlecht gesicherte Stadt mußte schließlich mit Gold und Bitten erkauft werden. Ich glaube jedoch, dies ist auf Gottes Wink geschehen oder zugelassen worden, damit sein Statthalter und die ihm im Rate beistehen, dazu gebracht würden, sich an die allzulang verlassene Braut zu erinnern und sich nach ihr zu sehnen. Und diese Sehnsucht ist nun, wie du siehst, eben aus diesem Grunde, oder auch infolge seiner eingeborenen Tugend in der Brust des Papstes erwacht. Die anderen aber, die hartnäckiger sind, möge Gott erweichen oder der Tod – und der hat, wie es scheint, schon den Anfang damit gemacht. Im übrigen mögen die Glieder diese Übel geduldiger tragen, da sie ja dem Haupte zustoßen konnten, und niemand soll sich wundern, daß diejenigen, die selbst der Römische Papst nicht im Zaume zu halten vermochte, so lange er ganz nahe an der Schwelle weilte, erst recht nicht durch die Ehrfurcht vor ihm zu zügeln sind, wenn er abwesend ist. – Wir wissen auch, daß die Gegend von Avignon jetzt ganz besonders von Räuberhorden heimgesucht wird, doch offenbar, damit nicht etwa die alte Gewohnheit an das Schlechte das neue Gute vereitelt und womöglich gar den noch nicht gefestigten Gemütern den Trieb und die Lust zur Rückkehr einflößt.

Bevor ich aber weitergehe, will ich dir noch dies eine erzählen, was mir auf der Seele liegt, und ich will mich bemühen, heute in der Unterhaltung mit dir wieder jung zu werden, was ich ja in Wahrheit gar nicht möchte. Du weißt, wie wir in jener Blütezeit des aufsteigenden Lebens, deren ich vorhin gedachte, auf dem Stroh der Grammatiker wie in höchster Wonne lebten. Da kam einmal dein Oheim zugleich mit meinem Vater, die damals etwa in demselben Alter standen, in dem wir jetzt stehen, in die eben erwähnte kleine Stadt Carpentras, wie sie es manchmal taten. Und gerade deinen Oheim – wohl weil er hier fremd war – ergriff die Lust, wahrscheinlich wegen der Nähe des Ortes und der Neuheit des Unternehmens, die vielgerühmte Quelle der Sorgue zu besuchen, die an sich schon lange bekannt war, dann jedoch – wenn ich mich um einer Kleinigkeit willen vor einem Freunde, das heißt ja eigentlich vor mir selbst, rühmen darf – durch meinen späteren langen Aufenthalt dort und durch meine Lieder noch erheblich berühmter geworden ist. Als wir von dem Vorhaben hörten, da stachelte auch uns Knaben kindliche Begierde an, mitgenommen zu werden, und da es nicht sicher genug zu sein schien, uns Pferden anzuvertrauen, so wurde jedem von uns ein Diener beigegeben, der das Pferd und einen von uns, wie es gewöhnlich gemacht wird, vom Rücken her umfaßt halten und so Pferd und Knaben leiten sollte. Denn so hatten wir es bei der besten aller Mütter, die ich wenigstens je gesehen habe, bei meiner leiblichen Mutter, deren Liebe ich aber mit dir teilte, mit Mühe durch vieles Bitten endlich durchgesetzt. Und so zogen wir nun auf die Reise, wobei sie uns noch viele ängstliche

Ermahnungen mit auf den Weg gab, und mit uns zog jener Mann, an den die bloße Erinnerung mich noch fröhlich stimmt, jener Mann, dessen Vornamen und Namen du bewahrst, während du seine Gelehrsamkeit und seinen Ruf weit übertroffen hast. Als man zur Quelle der Sorgue kam, da war ich – ich erinnere mich nämlich so gut daran, als sei es gestern gewesen – von der ungewöhnlichen Schönheit dieser Stätte lebhaft berührt, und so gut ich es damals konnte, sprach ich zu mir in meinen jugendlichen Gedanken: »Dies hier ist ein Ort, der meiner Natur ganz gemäß ist, und wenn es einmal möglich ist, werde ich ihn großen Städten vorziehen.« Das sagte ich damals im stillen zu mir; bald darauf, sobald ich mein Mannesalter erreicht hatte, machte ich es weithin durch klare Anzeichen bekannt, soweit die Welt nicht auf meine Muse neidisch war. Viele Jahre habe ich ja dort zugebracht, allerdings mit Unterbrechungen, da mich häufig Geschäfte und Schwierigkeiten aller Art abriefen, stets jedoch in so großer Ruhe und so süßem Genuß, daß mir, seitdem ich gelernt habe, was der Menschen Leben ist, fast allein diese Zeit Leben war, der Rest nur Folterqual.

Schon damals waren wir zwar im Herzen unzertrennlich, den Studien nach jedoch voneinander geschieden. Du strebtest nach Rechtsstreit und Rednertribüne, ich nach Muße und Waldaufenthalt, du suchtest auf dem Wege öffentlicher Tätigkeit ehrbaren Reichtum, der – wunderbar genug – mir, dem Einsiedler, dem Verächter des Stadtlebens und dem Flüchtling, aufs Land hinaus mitten in die Wälder hinein derart nachgefolgt ist, daß es Neid erregen mußte. Wie soll ich dir aber jetzt diese ländliche Stille, dies beständige Murmeln des reizenden klaren Bächleins schildern, das Gebrüll der Rinder im Widerhall der Täler, den Chorgesang der Vögel in den Zweigen bei Tage wie zur Nacht? Du kennst ja alles, und wenn du mir hierin nicht völlig zu folgen wagtest, so pflegtest du dich dorthin doch mit Freuden wie aus Stürmen in einen Hafen zu flüchten, so oft du dich, was selten genug vorkam, aus der Unruhe der Stadt wegstehlen konntest. Wie oft, glaubst du, hat mich Einsamen die dunkle Nacht noch fern in den Feldern angetroffen, wie oft bin ich zur Sommerszeit mitten in der Nacht aufgestanden, habe die nächtlichen Laudes zu Christus gesprochen und bin ganz allein, um die Ruhe der tief in Schlaf versunkenen Diener nicht zu stören, im Glanz des Mondenscheins besonders gern in die Saatfelder, oft aber auch auf die Berge hinausgegangen! Wie oft bin ich doch zu jener Stunde ohne einen Begleiter mit einer Art von schaurigem Vernügen in die riesige Quellhöhle eingetreten, die man auch am lichten Tag, selbst in Begleitung, nur mit Schaudern zu betreten pflegt! Wenn man mich aber fragt, woher ich diese Beherztheit hatte – Schatten und Gespenster fürchte ich nun einmal nicht, ein Wolf ließ sich nie in diesem Tale sehen, vor Menschen brauchte man keine Furcht zu haben, die Kuhhirten wachten auf den Feldern die ganze Nacht, so auch die Fischer auf dem Fluß. Jene sangen, diese schwiegen, alle hatten mich gleichermaßen gern und boten sich zu jeglichem Dienst zu allen Stunden an, wußten sie doch auch, daß ihr Herr, der Grundherr, mir nicht nur Freund, nein Bruder, ja der beste Vater war. So gab es überall nur Wohlgesinnte, nirgends Feinde. Wenn ich so alles bedachte, so war ich unter deinem Beifall und mit deiner Zustimmung völlig überzeugt: wenn auch die ganze Welt durch Krieg erschüttert würde, jener Ort werde unbewegt und friedlich bleiben. Und daß ich dies glaubte, das bewirkte der Respekt vor der Römischen Kirche, von dem ich sprach, und ganz besonders ihre Nähe, vor allem aber die Armut, die alles ganz sicher macht und Habgier sowie Waffen verachtet.

Würdest du dich da, wenn du es nicht bereits wüßtest, nicht wundern müssen, daß, als ich noch dort weilte, fremde Wölfe in Scharen, sogar in Häuser der kleinen Ortschaft, einbrachen, unter den Herden ein Blutbad anrichteten und die Einwohner des Ortes selbst in Furcht und Schrecken hielten? Das war nicht bloß ein Schaden, es war, glaube ich, ein

167

Vorzeichen, ja eine prophetische Ankündigung der bewaffneten Wölfe, die noch kommen sollten. Denn gar nicht lange, nachdem ich weggegangen war, kam eine kleine abscheuliche und schändliche Diebesbande, die sich aber auf die Feigheit der Umwohnenden verlassen konnte. Nachdem sie die ganze Umgegend durchstreift und geplündert hatten, griffen diese Diebe, um sich schließlich als heilige Diebe zu erweisen und um aus ihrer Diebesbeute ihrer Diebesgöttin Laverna ein richtiges Opferfest auszurichten, gerade am Fest der Geburt des Herrn den arglosen Gutshof an, schleppten fort, was sie wegtragen konnten, und ließen alles übrige in Flammen aufgehen, und selbst an das kleine Häuschen, von dem aus ich die Königreiche des Krösus verachtet habe, wurde Feuer gelegt. Das alte Gewölbe hielt im Brande stand, denn die gottlosen Diebe hatten Eile. Einige Bücher, die ich bei meiner Abreise zurückgelassen, hatte der Sohn meines Verwalters, der schon vorausgeahnt hatte, daß es so kommen würde, in die Burg gebracht. Die Räuber hielten diese aber für uneinnehmbar, was sie auch ist, wußten nur nicht, daß sie unverteidigt und leer sei, was sie war, und zogen ab. So sind aus Untierrachen unverhofft meine Bücher gerettet worden, durch Gottes Vorsehung, auf daß nicht eine so edle Beute in so schmähliche Hände falle. Geh nun hin und setze deine Hoffnung auf die schattige Zuflucht jenes Verschlossenen Tales! Nichts ist verschlossen genug, nichts zu hoch, nichts zu dunkel für Diebe und Räuber. In alles dringen sie ein, auf alles geben sie acht und nach allem stöbern sie. Kein Ort ist so befestigt, so hoch gelegen, daß ihn nicht bewaffnete Begehrlichkeit und von den Fesseln der Gesetze entbundene Habsucht erstiege. So wahr mich aber Gott liebt – wenn ich den gegenwärtigen Zustand des Ortes bedenke und mich an die Vergangenheit erinnere, so kann ich kaum glauben, daß es der ist, wo ich des Nachts im Gebirge allein und sicher umhergestreift bin. Aber anstatt zu erwägen, wie unberührt dies kleine Gut ist, habe ich nur bedacht, wie süß mir dort die

Einsamkeit war, und ich habe vielleicht mehr, als zur Sache nötig war, gesagt, damit ich eben auch neue Beispiele zu den alten fügte, aus denen die Wandlung aller Dinge erhellen könnte.

So habe ich die geordnete Reihenfolge verlassen; ich kehre jedoch zu ihr zurück. Es war also im vierten Jahre, nachdem ich von Bologna zurückgekommen war, da ging ich mit jenem Mann, den ich oft und viel, nie jedoch so, wie er es verdiente, gelobt habe, nach Toulouse an die Ufer der Garonne und zum Pyrenäengebirge in einer trotz häufig trüben Himmels höchst heiteren Reisegesellschaft. Und was könnte ich von diesen Orten sagen? Nur das gleiche wie von den anderen. Dem Namen nach ist Toulouse noch dieselbe Stadt, die Gascogne und Aquitanien sind noch dieselben, tatsächlich sind sie von Grund aus verändert und sich selbst in jeder Beziehung unähnlich, abgesehen von der Bodenfläche!

Nachdem ich von dort zurückgekehrt war, habe ich wiederum im vierten Jahre darauf in jugendlichem Feuer und von Schaubegierde getrieben, die Stadt Paris besucht. Auf dieser Reise und auf dem Rückweg hat mich der Sporn jugendlichen Mutes angestachelt, und die fernsten Winkel des Reiches und Flandern, Brabant und den Hennegau, auch Niederdeutschland habe ich rundum durchwandert. Als ich aber kürzlich in Geschäften wieder nach Frankreich kam, habe ich kaum etwas von allem wiedererkannt. Das reiche üppige Königreich sah ich in Asche liegen. Kaum ein Haus sah ich aufrecht stehen, es wäre denn durch Stadtmauern oder Festungswerke geschützt gewesen. Darüber habe ich mich damals dem verehrungswürdigen Greise Pierre von Poitiers gegenüber ausführlicher schriftlich und mündlich ausgelassen. Der ist dann bald gestorben, nachdem er nur wenig früher glücklicher hätte sterben können. Wo ist denn jetzt jenes Paris, das allerdings immer hinter seinem Rufe zurückblieb und viel den Aufschneidereien der Seinigen verdankte, aber doch zweifellos eine bedeutende Sache war? Wo ein Heerbann von Scholaren war, wo glühender Eifer für das Studium herrschte, wo der Reichtum der Bürger, wo die Freude aller heimisch war, dort hört man jetzt Lärm nicht von Disputierenden, sondern von Kämpfenden, dort sieht man nicht Haufen von Büchern, sondern von Waffen, dort erklingen keine logischen Schlüsse, keine Predigten, vielmehr die Rufe der Wachtposten und die Stöße der gegen die Mauern angesetzten Widder. Das Geschrei und die Geschäftigkeit der Leute auf den Straßen ist geschwunden, es dröhnen die Mauern, es schweigen die Wälder. Kaum in den Städten selbst ist man sicher, denn ganz ist die friedliche Ruhe geschwunden, die dort ihren Tempel gefunden zu haben schien. Nirgends ist so ganz und gar keine Sicherheit, nirgends sind so viele Gefahren. Wer hätte denn, ich bitte dich, geahnt, daß der König von Frankreich, so sehr er auch, was ihn persönlich betrifft, der unbesieglichste aller Menschen war, einmal besiegt und in Gefangenschaft geführt werden würde und mit ungeheurem Lösegeld losgekauft werden müßte? Erträglicher wurde ihm dies immerhin durch den Urheber seines Unglücks; denn besiegt ward der König von einem Könige, allerdings von einem König, der ihm recht ungleich war. Das aber ist durchaus elend und beschämend, daß der König selbst und sein Sohn, der jetzt regiert, an der Rückkehr ins Vaterland gehindert wurden und daß er sich gezwungen sah, mit den Räubern einen Vergleich einzugehen, um sicher durch eigenes Land zu ziehen.

Wer hätte das, so sage ich, in diesem glücklichsten aller Königreiche, ich will nicht sagen gedacht, nein nur geträumt? Wann werden es unsere Nachfahren glauben, wenn bei der Wandelbarkeit der menschlichen Dinge das Reich irgendwann einmal wieder in seinen früheren Zustand zurückversetzt ist? Wir aber brauchen nicht zu glauben; wir sehen es.

Von dort aber, das heißt, nachdem ich von meiner ersten französischen Reise zurückgekehrt war, bin ich (wiederum im vierten Jahre) zum ersten Male nach Rom gekommen.

War diese Stadt auch schon damals, und viel früher, noch fast nichts anderes mehr als ein verkürzter Auszug und ein Abbild jenes alten Rom, und mochten auch nur noch die vor Augen stehenden Ruinen von seiner vergangenen Größe zeugen, es waren doch immer noch einige edle Funken in jener Asche – jetzt ist die Asche erloschen und kalt. Aus der Asche war ein Phoenix wiedergeboren, der einzigartige Greis, der ruhmreiche Stephanus von Colonna, mein Führer, dessen ich früher schon gedachte, der Stammvater der großen edlen, aber zu früh dahingeschwundenen Familie, dieser Mann, von dem und von dessen Angehörigen ich so viel gesagt habe und weiterhin sagen muß. Es gab aber auch andere noch, denen wenigstens die Ruinen ihrer Vaterstadt teuer waren. Jetzt ist von solchen dort und überhaupt auf der Welt niemand mehr übrig.

Wieder im vierten Jahre darauf reiste ich nach Neapel, und mochte ich auch nach dieser Zeit wieder nach Rom und Neapel kommen, die ersten Eindrücke haften doch am festesten im Gemüt. Es war dort damals Robert, der König Siziliens, vielmehr Italiens, nein der König aller Könige. Sein Leben bedeutete das Glück, sein Tod den Untergang seines Reiches. Nach meiner Abreise hat er nicht lange mehr gelebt, und wenn es ihm selbst auch durch den Einspruch des Himmels versagt war, dem anstürmenden Unheil, wie er es sonst immer tat, entgegenzutreten, so ist es doch kaum jemandem beschieden gewesen, so zur rechten Zeit zu sterben, wie ihm. Daher scheint mir ein solcher Tod völlig zu dem außerordentlichen Glück zu passen, das er im Leben hatte. Ich kam aber – wieder im vierten Jahre darauf – dorthin zurück, so sehr gehorchte mein Leben damals einem Viererrhythmus. Nie wäre ich aber dorthin zurückgekehrt, wenn mich nicht der Befehl des damaligen Papstes Clemens dazu gedrängt hätte. Die Mauern freilich und die Plätze, das Meer, den Hafen, die umliegenden Hügel, die weiter zurückliegenden Weinberge, die den Falerner tragen, den Vesuv sah ich, auch

Capri, Ischia und Procida, die meerumbrandeten Inseln, und das in Wintermonaten dampfende Bajae. Das mir bekannte Neapel konnte ich jedoch nicht wieder entdecken. Das Wetterleuchten vieler Unglücksfälle aber und die klaren Zeichen drohenden Elends sah ich deutlich, und ich bedaure, daß ich ein so guter Prophet gewesen bin. Was ich daraus entnahm, das habe ich nicht bloß durch Worte, nein, auch in Briefen bezeugt, als schon des Geschickes Donner rollten, nur die Blitze noch nicht trafen; und alles das ist später dort so eingetroffen und vieles noch dazu, so daß meine Prophezeiung, so schaurig sie war, durch eine unendliche Reihe von Übeln noch übertroffen wurde und diese viel leichter zu beweinen als aufzuzählen sind.

Nicht lange vor dieser Zeit war ich wieder in die Gegenden, wo ich als Jüngling ein müßiger Student gewesen bin, nun als Mann zurückgekommen. Die Freundschaft des Mannes hatte mich angezogen, dessen Andenken ich immer noch Dank schulde. Das cisalpine Gallien, das ich früher nur so ein wenig berührt hatte, sah ich nun ganz, nicht als Fremder, sondern als Einwohner von vielen Städten, zunächst von Verona, dann von Parma und Ferrara, schließlich von Padua. Hierhin hat mich eben jene Freundschaftsfessel gezogen, die ich nicht abwerfen kann. Diesmal war es die Freundschaft mit einem anderen Manne, ebenfalls einem der Besten; seines Endes kann ich nie ohne Schmerz gedenken. Dieser Mann, der überall groß und berühmt war, hat sich lange um das freundschaftliche Zusammenleben mit einem fremden geringen Menschen bemüht, gerade als ob er dadurch sich und seinem Staate etwas Großes erwerben könnte; und er kannte mich doch nur dem Namen nach und hatte mich, wie er selbst sagte, nur einmal im Vorübergehen gesehen. Ich glaube, ich hätte ständigen Aufenthalt in seiner Stadt genommen, wäre er am Leben geblieben. Da er aber der Welt entrückt wurde, ist dieser dauernde Aufenthalt mit guten Gründen unterbrochen worden. Es war nun diese Stadt, da ich sie zum ersten Male betrat, bis zu dem Grade von der furchtbaren Pest zerrüttet, daß man gestehen muß: sie ist durch die Umsicht und den Eifer seines ältesten Sohnes und durch bis auf den heutigen Tag unerschütterten Frieden als einzige von allen nicht heruntergekommen, sondern aufgerichtet worden. Aber auch sie ist genau wie alle übrigen Städte ganz und gar nicht dem gleich oder nur ähnlich, was sie noch ein Jahr vor meiner Ankunft, das heißt vor dem Beginn der Pest, gewesen ist.

Später lernte ich auch Mailand und Pavia kennen, und was willst du, daß ich sagen soll? Keine von ihnen ist so, wie sie war, nicht etwa vor vielen Jahrhunderten, sondern kürzlich noch in Zeiten, an die wir Erinnerung haben. Ich rede von dem, was ich gesehen, nicht nur gelesen oder gehört habe.

Selbst die große Stadt Mailand, von der ich lese, daß sie bereits vor 1500 Jahren in höchster Blüte stand, die aber, wie ich glaube, nie herrlicher als zu unserer Zeit geblüht hat, blüht jetzt nicht wie sonst, wenn sie auch noch bis heute durch ihre Größe und Macht und, wie man so sagt, »durch ihr Gewicht« aufrecht steht. Frage die Bürger! Sie werden gestehen, daß es so ist, und von sich aus noch Traurigeres hinzufügen.

Was soll ich nun von Pisa erzählen, wo ich mein siebentes Lebensjahr verbracht habe, was von Siena? Was von dem Ort, der mir für meine erste Verbannung und meine Geburt ausersehen war, von Arezzo, und von dem benachbarten Perugia, was noch von anderen? Alle sind sie in der gleichen Lage. Sie sind heute nicht mehr, was sie gestern waren, und wenn man sich schon über die Wandelbarkeit der Dinge wundern muß, noch mehr bestaunen muß man ihre unglaubliche Schnelligkeit.

Ich könnte dich so Schritt für Schritt durch ganz Italien, ja durch ganz Europa führen. Überall würde ich neue Beweise für das Thema finden, das ich begonnen habe, aber ich fürchte, ich werde mich selbst, dich und andere, falls sie je unser Gespräch hören oder lesen werden, ermüden, wenn ich sie mit der Feder durch alle Länder schleppe, in denen neuerdings eine unheilvolle und offenbare Wandlung eingetreten ist. Mir hat es aber Freude gemacht – ich weiß allerdings nicht, ob das der richtige Ausdruck ist, denn es ist gewissermaßen Freude in Trauer. Es hat mir wohlgetan, mit dir im Gespräch bis hierher durch verflossene Jahre und ferne Gegenden zu wandern, besonders durch die, wo ich einstmals mit dir gewesen bin, und den Weg mit der Feder wieder zu durchmessen, den wir einst zu Fuß oder zu Schiff durchmessen haben.

Keinesfalls kann ich aber von der Erinnerung an diese Dinge scheiden, ohne meine Vaterstadt genannt zu haben. Was ist diese anders als ein schlagender Beweis für unheilvolle Verwandlung? Sie, die unter den anderen Städten Italiens, ja überhaupt der Christenheit den passendsten Namen erhalten hat, blühte noch ganz vor kurzem, daß es Neid erwecken mußte, dann aber ist sie durch gehäuftes Unglück, äußerlich durch Brand und Krieg, im Innern durch Parteiungen und Pest, so verunstaltet worden, daß es Mitleid erregen kann. Alle Sterblichen, besonders aber ihre eigenen Bürger mahnt sie daran, wieviel Hoffnung man auf Dinge setzen darf, die doch vergehen.

Hier wird mir vielleicht ein Rechthaber einwerfen: »Es gibt eben eine gewisse Sorte Menschen, die nicht die Kraft haben, die Wahrheit zu verteidigen. Weil sie sich aber dabei nicht beruhigen können, kämpfen sie mit betrügerischen Mitteln gegen sie an und machen sich ein Gewerbe daraus.« Was sich für die von mir genannten Städte nicht bestreiten läßt, das wird der Gegner als Wahrheit gelten lassen, für andere Städte wird er es vielleicht nicht ebenso zugeben. Er wird behaupten, daß, von diesem Gesichtspunkte aus gesehen, im Weltall keine Veränderung einträte, denn was dem einen entginge, das wüchse ja dem anderen zu. Dem will ich antworten, er soll mir in West oder Nord nur in einer einzigen Stadt das

Gegenteil meiner Behauptung nachweisen, dann soll er gesiegt haben.

Selbst die Stadt, von der aus ich dir schreibe und deren Einwohner ich zu guter Letzt geworden bin, nicht etwa um Vergnügen, sondern um Sicherheit und Ruhe zu finden, Venedig, ist zwar durch die Klugheit seiner Bürger und seine Lage in glücklicherem und friedlicherem Zustande als alle anderen Städte in der Welt. Einstmals war sie aber doch in einem noch glücklicheren, zu der Zeit nämlich, als ich zum ersten Male, um sie zu besuchen, mit meinem Präzeptor von Bologna aus hierher kam. Das kann man auch die Bürger bekräftigen hören. Dabei will ich selbst nicht leugnen, daß sie an Häuserzahl etwas, sogar um ein beträchtliches zugenommen hat. Sollte mich mein sophistischer Gegner aber weiter wegführen wollen, so werde ich zugeben, daß ich nicht weiß, was bei den Chinesen und Indern vorgeht. Aber Ägypten, Syrien, Armenien und ganz Kleinasien genießen keinen anderen Zuwachs ihres Wohlstandes als wir, und wohl auch keinen besseren. Das Unglück der Griechen ist ja schon alt, das der Skythen jedoch neu. Von dorther wurde früher alljährlich eine ungeheure Menge Getreide zu Schiff in diese Stadt hier eingeführt, jetzt kommen dieselben Schiffe beladen mit Sklaven, die durch ihre eigenen Eltern unter dem Druck der Not zum Verkauf angeboten werden. Schon verpestet eine ungewöhnliche, kaum übersehbare Schar von Sklaven beiderlei Geschlechts die wunderschöne Stadt mit ihren skythischen Gesichtern und ihrem unförmlichen Gemengsel, gerade wie ein aufgewühlter Bergstrom einen klaren Bach. Wäre dies häßliche junge Volk seinen Käufern nicht angenehmer als mir und belustigte es ihre Augen nicht mehr als die meinigen, so würde es sich nicht auf diesen Gassen hier so breit machen und Fremde, die an schönere Formen gewöhnt sind, durch seinen unlieblichen Anblick betrüben. Es würde vielmehr in seinem Skythenlande dürr und bleich vor Hunger *auf den steinigen Äckern,* auf die es Ovid versetzt, *das wenige*

Kraut mit den Zähnen oder den Nägeln ausraufen. Soweit hiervon.

Man wird uns jedoch zusetzen und sagen, es sei ein Unrecht, sich über die Wandelbarkeit zu beklagen, als ob sie nur unserer Zeit eigen sei und nicht allen Zeiten. Ich beklage aber gar nichts, weiß ich doch, daß von Anbeginn der Dinge alles sich im Kreise dreht und nichts Bestand hat. Ich spreche auch nicht: *Was hältst du wohl für den Grund dafür, daß unsere eigenen Zeiten besser waren als die heutigen? Denn eine solche Frage ist töricht,* wie Salomo sagt. Viele Ursachen mögen Gott bekannt sein, einige vielleicht auch den Menschen. Ich beklage also gar nicht den Wandel der Zeiten und auch nicht seine Ursachen; ich stelle ihn nur fest, gegen die Meinung der heutigen Jugend. Behauptet diese doch, da sie unter diesen Übeln geboren ist, es hätte nie etwas anderes gegeben, weil sie nichts anderes gesehen hat. Denn sie ist ahnungslos und ungläubig und will den offenbaren Wandel der Zeiten, der so ganz beweinenswert ist, dem Wandel in unseren Studien aufbürden und in unsern Gemütern. Die aber sind allerdings gewandelt, wie ich mit Freuden gestehe. Die Verwandlung, die mit uns vor sich gegangen ist, läßt sich jedoch nicht mit der anderen auf eine Stufe stellen. Denn ein von gewaltiger Antriebskraft bewegtes riesiges Rad dreht sich doch wahrhaftig nicht um eine geringere Strecke, als eine auf ihm langsam dahinkriechende Ameise inzwischen zurücklegt. Zum Schluß wird noch dies in den Streit einbezogen werden: »Dieser Wandel ist nicht ein Wandel der Dinge, nicht der Zeit, nicht einmal der Welt, sondern ganz allein ein Wandel der Menschen.« Das will auch ich zum Teil nicht leugnen, da ich weiß, daß man unter dem Begriff Welt oft die Menschen faßt, aus denen sie ja zweifellos besteht und deren Zielen sie eben gehorcht. Tatsächlich finden sich für derartige Wandlungen viele Ursachen in den Menschen selbst und, wenn man tiefer schürft, vielleicht sogar alle; nur liegen einige an der Oberfläche, andere sind verborgen. Daß Frömmigkeit, Wahrheit,

Treue, daß Friede in die Verbannung gejagt sind, daß Gottlosigkeit, Lüge, Untreue, daß Zwietracht und Krieg herrschen und auf dem ganzen Erdkreis wüten, daß gottlose Räuberhorden wie rechtmäßige Heere nach Belieben herumstreifen und alles, was ihnen in den Weg kommt, verwüsten und plündern, daß auch Städte und Könige ihnen nicht widerstehen können, daß die Sitten verderbt, die Studien verkommen sind, die Gewohnheiten verschlechtert, das alles ist offenbar und ebenso offenbar ist es, daß nur in den Menschen die Wurzeln dieser Übel liegen. Dennoch will ich, wie ich schon sagte, nicht von den Ursachen reden, nur von den Tatsachen. Die aber bestanden in Wahrheit nicht, da wir Knaben und Jünglinge waren.

Selten wurden damals Kriege zwischen Staaten und Völkern geführt, Kriege wegen Grenzstreitigkeiten oder Beleidigungen: eine Gesellschaft gegen das ganze Menschengeschlecht gab es zu unserer Zeit nirgendwo. Es gab, wie wir selbst gesehen haben, Gesellschaften von Kaufleuten, durch die vor allen lange Zeit hindurch meine Vaterstadt blühend war, und es ist schwer, zu sagen, wie viele Annehmlichkeiten diese Gesellschaften den Menschen brachten. Sie regierten fast unsere ganze Welt, alle Könige und Fürsten stützten sich auf ihren Reichtum und auf ihren Rat. Man sah auch Gesellschaften anderer Art, solche von Pilgern, die in großem Zuge nach den heiligen Städten wie Jerusalem und Rom zogen. Diebe dagegen gingen damals allein, zur Nacht, furchtsam einher. Noch verbreiteten sich nicht am hellen Tage Schlachtreihen von Dieben in den Feldern. Es gab keine gepanzerten Führer von Gesellschaften, die ihren Ruhm im Ruin der Völker und in ihrer eigenen Wildheit suchten. Fünfundzwanzig Jahre ist es jetzt her, seit zuerst der schrecklich klingende Name unseren Ohren ertönte, und wir sehen jetzt, wie schnell das Übel gewachsen und wohin es vorgeschritten ist, und die armen Bürger, die Bauern, ja Könige und Bischöfe bis zum höchsten und größten haben alles Erdenkliche durchgemacht. Sogar der Papst, wie ich oben schon berührte, war an der Rhone (von wo er erst vor kurzem weggegangen ist) halb von ihnen belagert und mußte sich zu unwürdigem Loskaufen bequemen, und das hat er selbst damals nicht schweigend getragen, er hat sich vielmehr bei den Seinigen mit vollem Recht schwer beklagt, und auch ich habe es nicht verschwiegen, da ich an ihn schrieb. Wer wollte also diesen schrecklichen und unsagbaren Wandel der Zeiten nicht erkennen, wer wollte ihn bestreiten? Man müßte ja geradezu folgern, daß ein solcher Mensch entweder keinen Verstand oder keine Scham hätte; denn das Entsetzen und Trauer bereitende Aufblitzen der schlimmsten neuen Ereignisse, das sich den Augen aufdrängt, läßt sich nicht verheimlichen, da die unglückliche Welt jetzt täglich etwas erleidet, was noch vor kurzem kein Mensch je gehört hatte.

Was sonst noch? – Man kannte wohl den Namen Pest und hatte in Büchern davon gelesen; eine allgemeine Pest, die die Welt ausrotten wollte, war nie gesehen und unerhört. Nun aber zermürbt diese Pest bereits seit zwanzig Jahren alle Länder. Sie setzt zwar irgendwo vielleicht einmal aus oder flaut ab. Erloschen ist sie darum in keinem Falle, und bis heute kehrt sie von einem Tag auf den anderen zurück, wenn sie verschwunden scheint. Wo kurze Freude herrscht, da schließt sie aufs neue den Ring und macht einen neuen Angriff. Sie ist selbst, wenn ich mich nicht täusche, Zeugin für den Zorn Gottes und die Untaten der Menschen; denn nähmen die Untaten einmal ein Ende oder flauten sie nur ein wenig ab, dann würde sich auch die Rache des Himmels mildern.

Auch Erdbeben kannte man nur von Hörensagen oder man hatte von ihnen gelesen. Die Sache selbst suchten wir bei den Geschichtsschreibern, ihre Ursachen bei den Philosophen. Die kleinen nächtlichen Beben, die selten genug auftraten, erklärten die Forscher für zweifelhaft und dem Traume ganz ähnlich. Ein richtiges Erdbeben hatte unsere Zeit noch nie erlebt. Es geht aber jetzt ins zwanzigste Jahr – denn beide Übel begannen zugleich –, da bebten unsere Alpen, *die sonst nie zu beben pflegten*, wie Virgil sagt, am 25. Januar, gerade als der Tag sich eben zum Sonnenuntergang neigte. Italien und ein großer Teil von Deutschland wurden zugleich erschüttert, so heftig, daß mancher Unerfahrene glaubte, das Ende der Welt sei gekommen, da ihm das Ereignis ganz und gar ungewohnt war und er nie daran gedacht hatte.

Ich saß damals zu Verona in meiner Bibliothek allein, und wenn mir die Sache auch nicht ganz unbekannt war, so war ich doch von einem so plötzlich eintretenden neuen Ereignis erschüttert, da der Boden unter meinen Füßen wankte und die Bücher von allen Seiten zusammenstürzten und herunterfielen. Ich erschrak, ging aus dem Zimmer und sah die Dienerschaft, dann das Volk ganz verstört hin und her laufen. Allen stand Leichenblässe im Gesicht. Im nächstfolgenden Jahre bebte Rom, so daß Türme und Kirchen zusammenstürzten. Zur gleichen Zeit bebten ganze Teile von Toskana, worüber ich damals in Sorge an unsern Socrates geschrieben habe. Sieben Jahre darauf bebte Niederdeutschland und das ganze Rheintal, und bei diesem Erdbeben stürzte Basel zusammen – eine gar nicht so große, aber schöne und, wie es schien, festgebaute Stadt – gegen die Gewalt der Natur ist jedoch nichts fest. Ich war damals gerade einige Tage zuvor von dort abgereist, nachdem ich unseren Kaiser, einen zwar guten und milden, aber in allen Dingen langsamen Fürsten, einen Monat lang dort erwartet hatte, und ich mußte ihn dann schließlich im fernsten Barbarenlande suchen.

Über das Erdbeben aber hatte ich die Absicht an Johannes, den verehrungswürdigen Bischof jener Stadt, zu schreiben, um zu zeigen, daß ich die sehr ehrenvolle Aufnahme bei ihm nicht vergäße. Ich weiß jedoch nicht, ob ich geschrieben habe, jedenfalls ist bei mir keine Abschrift des Briefes vorhanden. Übrigens heißt es, daß an diesem Tage an beiden Ufern des Rheins achtzig feste Plätze oder mehr dem Boden gleichgemacht worden seien, während es in unserer ersten Kindheit ein denkwürdiges Wunder gewesen wäre, wenn eine leichte Hirtenhütte gebebt hätte. Aber die Gewöhnung an Übel treibt den Sterblichen Furcht und Schrecken aus, und auch hieran erkennt man den Wandel, von dem ich rede, während die Ursachen, wie ich sagte, verborgen sind. Man müßte sonst glauben, es sei auch dies wie das andere eine Folge der menschlichen Sünden, die ohne Maß sind und ohne Zahl, aber der Unterschied bestünde darin, daß das eine die Menschen selbst tun, das andere jedoch mit Gottes Erlaubnis oder auf seinen Befehl wegen der schlechten Handlungen der Menschen geschieht, und müßte glauben, daß, wenn die Sünden einmal aufhörten, auch die Geißelhiebe aufhören würden. Schließlich, was auch immer die Ursachen der Übel sein mögen und wer der Urheber sein mag, dies ist die Wahrheit.

Hier nun, mein Vater, habe ich wie auf einen Tag alle unsere Lebensjahre vor deinen Augen zusammengebracht. Sind auch dem Verdienst nach deine und meine Jahre höchst ungleich, gleich sind sie der Zahl nach. Diese Zahl habe ich neulich in einem Briefe an einen Freund ehrlich eingestanden. Ob du dasselbe tust oder ob du noch bis zum heutigen Tage, wie manche alte Leute tun, in sehnsuchtsvollem Rückblick nach der Jugend etwas von ihnen verheimlichst, weiß ich nicht.

Lebe glücklich und fahre wohl, unser eingedenk.

[Venedig, Herbst 1367]

An Donino in Piacenza

Aus einem Brief, in dem Petrarca einem jungen Humanisten ein Erlebnis, das ihm Lust zum Studium machen soll, mitteilt.

... **S**icher hast du einmal davon gehört, daß ich, der ich doch im Vergleich mit den Zeitgenossen nichts bin – von den Alten gar nicht erst zu reden –, schon im frühesten Jünglingsalter, da ich noch in Gallien weilte, manchmal mit Staunen vornehme und geistig bedeutende Männer zu mir kommen sah, aus dem jenseitigen Gallien so gut wie aus Italien. Es waren dies Leute, die kein anderer Grund zu mir hinzog, als der Wunsch mich zu sehen und mit mir sich zu unterhalten. Einer von ihnen, der als besonders ehrenvoll für mich erwähnt zu werden verdient, war Pierre von Poitiers, ein durch seine Frömmigkeit und wissenschaftliche Bildung ausgezeichneter Mann. Um das Verwunderliche noch zu steigern: einige schickten erst prächtige Geschenke und kamen dann selbst hinterdrein, gleichsam um sich mit ihrer Freigebigkeit die Straße zu bahnen und die Pforten zu öffnen.

Bei unserer Vertrautheit kann dir nicht verborgen sein, wie viele seither zu mir gekommen sind, zumal aus Neapel, der eifrigsten Freundin der Studien, vor allem Jünglinge, die mich dort zur Zeit des hocherhabenen Königs Robert nicht hatten sehen können.

Auch das kann dir nicht verborgen sein, wie jener Seher aus Perugia ankam, der als blinder Greis in Pontremoli eine Grammatikschule leitete. Ich wage ihn einen Seher zu nennen, falls ungeheure Liebe zur Wissenschaft und glühend brennender Geist den Seher ausmachen. Er hörte aber, ich sei zu jenem eben genannten Könige nach Neapel gegangen, da ich, von eitlem, jugendlichem Stolz gebläht, zu jener Zeit jedes anderen Menschen prüfendes Urteil verschmähte, während ich heute keines abweise. Gestützt auf die Schulter seines einzigen jungen Sohnes kam er daher bald selbst nach Neapel; denn dorthin zog ihn die große Sehnsucht mich zu sehen. Der Grund seiner Reise ward allgemein bekannt, weil er ihn selbst öffentlich laut verkündete.

Der König wollte ihn sehen, denn des Mannes Gesicht und seine Glut bei so frostigem Alter waren ein wahres Wunder. Einige Zeit betrachtete er das Antlitz des Mannes, das dem einer ehernen Statue ganz ähnlich schien, und da er hörte, was er wünschte, sagte er zu ihm: »Willst du den, den du suchst, in Italien finden, dann beeile dich. Sonst wirst du ihn in Frankreich zu suchen haben. So haben wir es nämlich von ihm gehört, da er kürzlich von hier schied.« »Ich fürwahr«, sprach da der altersschwache Mann, »ich will ihn, wenn anders es mir meine Lebensfrist verstattet, sollte es nötig sein, selbst bei den Indern suchen gehen.« In Verwunderung und voll Mitgefühl befahl der König, man solle ihm Reisegeld geben. Da zog denn jener mit größter Beschwerde auf seiner eigenen Spur nach Pontremoli zurück, nachdem er mich zuvor noch in Rom vergebens gesucht hatte.

Als er zu Haus aber hörte, ich sei noch in Parma, da überschritt er, obwohl ihm nun auch der Winter noch zum Hemmnis wurde, den verschneiten Apennin, sandte mir noch zuvor ein gar nicht schlechtes Gedicht und war bald selbst da...

Und wie oft, glaubst du – was rede ich aber, du warst ja unmittelbar zugegen –, wie oft hat ihn sein Sohn und ein anderer Schüler, den er wie einen Sohn hielt, und die ihm beide als Führer dienten, mit den Händen aufgerichtet, und wie oft hat er dann mein Haupt geküßt und wie oft meine Rechte, mit denen ich das gedacht und geschrieben hätte, was ihn, wie er sagte, so heftig entzückt hatte? Ich übergehe dabei, wie wenig ich damals geschrieben hatte, ist es doch selbst heute noch wenig.

Es wäre eine lange Geschichte, wollte ich erzählen, wie er in dieser Weise drei Tage bei mir war und die ganze Stadt mit

Verwunderung erfüllte, da man erfuhr, wer er sei, und was er tue. Eins will ich jedoch nicht verschweigen: Eines Tages sagte er im Überschwang seines Gefühls unter vielem anderen auch dies: »Siehe, ich möchte dir nicht lästig werden, wenn ich dich zu begierig genieße, aber ich bin doch, um dich zu sehen, mit so großer Beschwerde aus der Fremde hergekommen.« Als er mit diesen Worten die Dabeistehenden zum Lachen gereizt hatte, das Gelächter bemerkte und seine Ursache erkannte, da fügte er, zu mir gewandt, noch erregter hinzu: »Dich, keinen anderen, will ich zum Zeugen: Ob ich auch des Augenlichts beraubt bin, ich sehe dich deutlicher als irgendeiner von diesen, die Augen haben.« Durch dies Wort brachte er alle zum Schweigen und Erstaunen. Mehr sage ich nicht, nur noch dies: Der Herr jener Stadt, der mich so sehr liebte und dem zu seiner Zeit wohl kein Lebender in allen Landen an Leutseligkeit zuvorkam, gab dem Blinden, als er wegging, entzückt von seinen Reden und von seinem Gemüt, mit großer Ehre und Pracht das Geleit.

Die Dinge waren für mich damals schöner zu sehen, als heute rühmlich zu berichten. Ich habe mich aber deshalb so sehr in diese Erzählung verloren, weil ich dir mit einem bekannten Beispiel etwa vorhandene Schlaffheit austreiben wollte, und damit ich dir zeige: Es gibt noch heute Menschen, die die Tugend zu schätzen wissen, wenn nur Tugend vor handen ist.

Du mußt für dich selber einstehen. Was hat dich denn bewogen, dich so großer Mühe so zur Unzeit zu unterziehen, wenn nicht irgendein leerer Ruhm von meinen Lebensumständen? Wenn nun dieser falsche Ruhm so viel vermochte, was sollte da der wahre nicht vermögen? Jene suchten so begierig nach mir, da doch mein jugendliches Alter nur der Anlage nach Lobenswertes versprach. Mit welchem Drang und welcher Glut würden sie Cicero oder Virgil, oder ihn, von dem unsere Rede ging, den Titus Livius, gesucht haben!

Strebe also männlich weiter und zweifle nicht: Wenn du dich nur auf deine großen Anlagen besinnst, werden sie dich ebensowenig im Stiche lassen, wie der Wissenschaft und der Tugend die Ehre versagt bleiben wird.

Zu Padua, am 12. Mai [1373]

An Luca von Penna in Avignon

Der gelehrte Jurist, der eine Sammlung sämtlicher erreichbaren Werke Ciceros veranstalten wollte, hatte sich mit einer Empfehlung des Papstes bei Petrarca als dem berühmtesten Cicerokenner erkundigt, ob er ihm unbekannte Schriften Ciceros nachweisen könne. Petrarcas erste Antwort war, wie so viele seiner Briefe in den unruhigen Kriegszeiten seiner letzten Jahre, unterwegs abgefangen worden. Auf die erneute Anfrage gibt Petrarca wiederum Auskunft darüber, was ihm in seinem Leben an seltenen Werken Ciceros begegnet sei und welche davon er wieder verloren habe.

... **D**ein letzter Brief hat viele Tage zur Reise gebraucht. Am 3. Februar ist er am linken Rhoneufer abgesandt und spät am 23. März, gerade beim Lichtanzünden, kam er hierher zu den euganeischen Hügeln, wo ich jetzt *nahe dem innersten Zipfel des adriatischen Meeres*, alt und schwach das von Jugend auf geliebte Leben in der Einsamkeit führe, ein Freund des Landlebens und Verächter der Städte. Du hattest mich gebeten, daß ich dich bei einem eben begonnenen Werke über die Schriften des Cicero unterstützen möchte, falls ich etwa ungewöhnliche und unbekannte besäße, und zwar auf deine Kosten, damit dein Verlangen gerechter erschiene. Du hofftest nämlich, wie ich glaube, und nicht mit Unrecht, ich, der ich dir von Angesicht allerdings unbekannt bin, würde mich einem ehrbaren Ersuchen nicht versagen, aus Achtung vor deinem auch schon genügend verbreiteten Rufe, besonders aber aus Ehrerbietung vor unserem Herrn, dem Papste, der mit seiner außerordentlichen Gnade und seinen segnenden

Worten und Briefen mich ganz sich zu eigen gemacht hat, wenngleich alle, die Christus angehören, ihm nach allumfassendem Pflichtverhältnis zu eigen sind.

Ich habe dir auf deine Bitten geantwortet, nicht soweit ich wollte, sondern soweit ich konnte, daß ich nämlich keine anderen Schriften Ciceros besäße, als die, welche man allgemein hat, und die auch gerade unser Herr hat, oder, wie ich glaube, sogar noch weniger. Eines hatte ich dabei wahrheitsgemäß hinzugefügt, ich hätte noch andere gehabt, aber verloren. Es wäre eine lange Geschichte, der Umstände halber wollte ich sie aber kurz fassen. Du sagtest nun, dieser Brief hätte dich nicht erreicht, und bittest mich zu wiederholen, was ich geschrieben hätte, einmal um das Tatsächliche zu erfahren, dann um dich an meinem Briefe zu erfreuen. Zu dieser Hoffnung hat dich allerdings deine liebevolle Hochschätzung und dein edles Vorurteil bewogen. Ich will dir gehorchen, und wenn mir auch bei mannigfaltiger Beschäftigung, noch dazu in meinem Alter, das Schreiben nicht nur eine Mühe, wie du sagst, sondern geradezu eine Qual ist, so will ich dir doch schreiben. Was den Genuß betrifft, magst du zusehen, was die Ermüdung, so sage ich dir: Zweifellos werde ich heute dich ermüden, wenn ich meinem Triebe nachgebe.

Die Sache verhält sich nämlich so. Schon von frühester Kindheit an, in einem Alter, da alle anderen eifrig den Prosper oder den Aesop studieren, habe ich mich auf den Cicero gestürzt, aus dem eingeborenen Trieb meiner Natur heraus oder vielleicht von meinem Vater ermuntert, der ein ungeheurer Verehrer dieses Schriftstellers war; denn er war ein Mann, der mit Leichtigkeit den höchsten Gipfel erklommen hätte, wenn nicht die Sorge um häusliche Dinge seine edle Begabung abgelenkt und ihn, den aus dem Vaterland vertriebenen und mit Familie belasteten Mann, gezwungen hätte, sich mit anderen Sorgen zu befassen. Verstehen konnte ich in diesem Lebensalter noch nichts, nur ein gewisser süßer

Wohlklang der Worte fesselte mich derart, daß alles andere –
mochte ich lesen oder hören, was ich wollte – mir rauh und
höchst mißtönend erschien. Das war, ich muß es gestehen,
eines Knaben gar nicht so knabenhaftes Urteil, wenn man
Urteil nennen darf, was doch ohne Begründung bestand.
Wunderbar ist es ja, daß der, der nichts verstand, so fühlte,
wie ich jetzt soviel später fühle, da ich etwas, wenn auch nur
ein bescheidenes Teil, verstehe. Täglich wuchs mein Verlangen – und meines Vaters Bewunderung und Liebe begün-
stigte eine Weile das unreife Studieren. Da ich kaum die
Schale erbrochen und etwas von der Süße des Kerns gekostet
hatte, ließ ich, gerade in dieser einen Sache nicht faul und
freiwillig bereit, auf jeden anderen Genuß zu verzichten,
keine Gelegenheit vorübergehen, um von überallher Cicero-
nische Schriften zusammenzubringen. So machte ich in dem
begonnenen Studium, ohne einen äußeren Antrieb zu brauchen, gute Fortschritte, bis die Erwerbsbegierde den Sieg
davontrug und mich zum Studium des Bürgerlichen Rechtes
abdrängte, damit ich, falls es Gott gefiele, lernen sollte, was
Rechtens sei beim Leihkontrakt, beim Darlehen, bei Testa-
menten und Kodizillen, bei ländlichen und städtischen
Grundstücken – und Cicero vergessen, der doch die für das
Leben heilsamsten Gesetze beschreibt. In diesem Studium
vergeudete ich, um den richtigen Ausdruck zu gebrauchen –
nicht verlebte ich ein ganzes Septennium.

Vernimm nun aber eine fast schon lächerliche und doch
zugleich klägliche Geschichte: Aus einer mir nicht bekannten,
jedenfalls nicht sehr hochherzigen Erwägung heraus geschah
es eines Tages, daß alle Werke des Cicero, die ich in meinen
Besitz hatte bringen können, und mit ihnen zugleich einige
Bände von Dichtern vor meinen Augen aus dem Versteck
aufgestöbert wurden, wo ich sie aus Furcht vor dem, was
denn auch wirklich eintrat, verborgen hatte, und daß sie wie
ketzerische Schriften verbrannt wurden, weil sie dem Brot-
studium Abbruch täten. Bei diesem Schauspiel jammerte ich

nicht anders, als ob ich selbst mit in die Flammen geworfen würde. Da aber – ich erinnere mich noch wohl daran – sah mein Vater mich an und bemerkte meine Trauer, riß plötzlich zwei Bände, die fast schon vom Feuer angekohlt waren, wieder heraus, hielt in der Rechten den Virgil, in der Linken Ciceros Rhetorik und reichte sie lächelnd mir, der ich Tränen vergoß. »Behalte dies«, so sagte er, »zu seltener Tröstung des Gemüts, und dies zum Werkzeug bei deinen juristischen Studien.« Mit diesen wenigen, aber großen Gefährten tröstete ich mein Gemüt und ich unterdrückte die Tränen. Als ich später um die Zeit der ersten Jünglingsjahre mein eigener Herr wurde, da sagte ich den Gesetzbüchern Valet und kehrte zum gewohnten Studium zurück, noch eifriger, da nach der Unterbrechung der Genuß besonders heftig war.

Nach nicht langer Zeit, um mein zweiundzwanzigstes Lebensjahr, hatte ich die nahe Familienfreundschaft der Herren von Colonna gewonnen, dieser hochadligen, doch, ach, gar zu früh dahingegangenen Familie, die mir immer verehrungswürdig sein wird, und die ich immer werde beweinen müssen, jener Familie, bei der ich fast meine ganze Jünglingszeit verbrachte. Ursache dazu ist mir aber der unvergleichliche Jakob von Colonna, weiland Bischof von Lombez, gewesen, an den die Erinnerung süß und bitter in einem ist. Die Welt war seiner nicht würdig; Christus wollte ihn für sich. Er nahm ihn rasch hinweg von der Erde und gab ihn dem Himmel wieder. (Und da ein Greis einen anderen Greis ermüdet hat mit Bitten, daß er schreiben möge, so wird jetzt ein anderer Greis den Greis mit Zwang zum Lesen wieder ermüden.) Jener also hatte mich vor langer Zeit, kaum den Schranken des Knabenalters entwachsen, in Bologna gesehen, und, wie er selbst später zu sagen pflegte, sich an meinem Anblick erfreut, ohne zu wissen, wer ich sei, noch woher, nur daß er, der Scholar, den Scholaren an der Tracht erkannt hatte. Er beharrte dann in eben dem Studium, das ich, wie du hörtest, im Stiche gelassen, bis er zu ehrenvollem

Abschluß, bald auch zu einem Bistum befördert wurde, das ihm nicht seiner Jahre, sondern seiner Verdienste wegen gebührte. Als er nun aus diesem Grunde zu der Kurie, die die Römische genannt wird, gezogen war und dort mich, der ich von Ursprung an diesem unheilvollen Gefängnis bestimmt war, wiedergesehen hatte, da ich schon den ersten Flaum an den Wangen trug, da erkundigte er sich genauer nach meinen Verhältnissen, und berief mich schließlich zu seinem Umgang. Kein Umgang war je so süß wie dieser, keiner so angenehm. Niemand war gesetzter als dieser Mann, niemand reger, niemand weiser, niemand besser, niemand im Glück bescheidener, niemand im Unglück standhafter. Ich rede nicht vom Hörensagen, nein von dem, was ich mit Augen gesehen. In der Beredsamkeit war ihm keiner gleich, die Herzen der Menschen hielt er in den Händen, ob er nun zum Klerus oder zum Volke redete, und wohin ihm beliebte, konnte er die Gemüter seiner Zuhörer fortreißen. In seinen Briefen und im Alltagsgespräch war er so klar, daß du ihm beim Lesen oder Hören ins Herz blicken konntest und keinen Dolmetsch brauchtest, so entsprachen seine Worte seinen Gedanken. In ihm wohnte eine beispiellose Liebe zu den Seinen, unermüdliche Freigebigkeit gegen Freunde, unerschöpfliche Barmherzigkeit gegen Arme, Liebenswürdigkeit gegen alle. Dieser Mann war, um das Wort des Horaz zu gebrauchen, *ein Mann von feinstem Schliff* und von solcher Majestät des Aussehens und Benehmens, daß du ihn unter Tausenden mit einem einzigen Blick als Fürsten erkannt hättest.

Dieser fing mich, nachdem er mich ein paar Male gesehen hatte, in den Schlingen seines Gespräches und seiner Beredsamkeit ein, so daß er allein in der höchsten Burg meines Herzens thronte, und nie ist er aus ihr geschieden und wird auch fürderhin nicht aus ihr scheiden. Damals wollte er gerade in sein Bistum in der Gascogne reisen, und da er, wie ich glaube, noch nicht wußte, was er für Rechte über mich hatte, bat er mich, wo er befehlen konnte, ich möchte ihm auf dieser Reise Begleiter sein. Er mochte sein Wohlgefallen haben an meiner treuen Ergebenheit, die er allerdings noch nicht kennen konnte, aber als alles durchschauender Lynkeus an meiner Stirn las, oder er hatte Freude an meiner Begabung, vielleicht auch an meinem Dichten in der Volkssprache, in dem ich mich damals in jugendlichem Mute viel versuchte. Und ich gehorchte und ging mit ihm. Wie eilt die Zeit, wie flüchtig ist das Leben, jetzt geht's ins vierundvierzigste Jahr! Nie, glaube ich, war ein Sommer fröhlicher! Als er von dort zurückkehrte, führte er mich ein in den vertrauten Umgang seines hochehrwürdigen Bruders Johannes, eines weit über die Sitten der Kardinäle guten und reinen Mannes, und bei seinen anderen Brüdern, zuletzt auch bei seinem hochherzigen greisen Vater Stephanus, von dem, wie von Karthago Sallust sagt, *ich besser schweigen sollte, als zu wenig sagen.* – Ich bitte dich aber, verzeih mir nun, wenn ich dir lästig werde, da ich nur an mich denke und mir nachgebe. War es mir doch eine süße Bitterkeit, mir Jakob von Colonna, meinen ersten Herrn, die höchste Zier meiner Jugend, durch Worte in meine Erinnerung zurückzuführen, aus der er, wie ich sagte, gewiß nie entschwindet, er, der ach so viel zu früh mich im Stiche ließ und ebenso die Hoffnung – ich will nicht sagen seines Vaters und seiner Brüder, die dann alle fast zugleich umkamen, sondern auch seiner Freunde...

Aber genug habe ich meine Schmerzen und Wunden wieder aufgerissen. Jetzt kehre ich zu Cicero zurück: Nun war ich schon im Genuß eines gewissen, wenn auch unverdienten Rufes geistiger Bedeutung, in weitaus höherem Grade aber bekannt durch die Gunst so hoher Herren und hatte mannigfache Freundschaften in verschiedenen Kreisen geschlossen. Denn ich lebte ja an einem Orte, wohin aus allen Gegenden Zulauf war. Wenn nun diese Freunde schließlich wieder fortreisten und, wie es so zu geschehen pflegt, fragten, ob ich nicht irgend etwas aus ihrer Heimat haben wollte, pflegte ich zu antworten: »Nichts außer Schriften von Cicero.« An andere gab ich Merkzettel und mit Schrift und Wort drängte ich nach. Und wie oft, willst du es glauben, sandte ich Bitten, wie oft auch Geld, nicht allein über ganz Italien hin, wo ich ja bekannter war, nein sogar über Frankreich und Deutschland, bis nach Spanien und England und, du wirst dich wundern, selbst nach Griechenland und überallhin, wo ich den Cicero zu finden hoffte. Ich erhielt den Homer, der als Grieche zu mir kam, auf meine Veranlassung und Kosten aber zum Lateiner geworden ist, und jetzt unter Lateinern willig bei mir wohnt. Mit vielem Eifer und vielem Bemühen habe ich von überall her eine ganze Anzahl von Bänden gesammelt, sie aber oft mehrfach erhalten, von denen aber, die ich am meisten begehrte, selten etwas, so daß, wie es im menschlichen Leben häufig zu gehen pflegt, viele mir fehlten, andere wieder zuviel vorhanden waren. Die Schriften der Heiligen hatte ich noch nicht angerührt, in blindem Irrtum und in leidenschaftlicher Wallung nach Art meines Lebensalters. Nichts mochte mir fast schmecken, außer einzig und allein Cicero, besonders seit ich die Schule der Beredsamkeit des Quintilian gelesen hatte, in der an einer Stelle folgendes ausdrücklich seine Meinung ist (denn das Buch habe ich nicht zur Hand und den Wortlaut habe ich nicht behalten): *Getrost kann in die Zukunft schauen, wer es auch sein mag, wer die rechte Freude an Cicero hat.* Dies sagt er in dem Buche, wo er bei Behandlung der Beredsamkeit und der Redner freimütig den Stil des hochberühmten Annaeus Seneca, der damals allen gefiel, verurteilt. Durch diesen Ausspruch wurde ich von diesem so bedeutenden Gewährsmanne mehr und mehr in meiner Meinung bestärkt, und jedesmal, wenn ich aus Schaubegierde, was ich damals öfters zu tun pflegte, in ferne Länder reiste, und von fernher ein altes Kloster sah, so bog ich dorthin vom Wege ab. »Können wir es wissen«, so sagte ich dann, »ob hier nicht etwas von dem zu finden ist, was ich begehre?«

190

Als ich mich nun um mein fünfundzwanzigstes Lebensjahr herum auf eiliger Reise zwischen Belgien und Helvetien befand und nach Lüttich gekommen war, da blieb ich, weil ich hörte, es gäbe da eine gute Menge von Büchern, und hielt meine Reisegefährten auf, bis eine Rede des Cicero durch Freundeshand und eine zweite eigenhändig durch mich abgeschrieben war, die ich später über ganz Italien hin verbreitete. Damit du aber etwas zum Lachen hast: in dieser guten barbarischen Stadt etwas Tinte aufzutreiben, noch dazu Tinte, die dem Safran zum Verwechseln ähnlich sah, hat Mühe genug gekostet.

Die Bücher vom Staat zu finden, hatte ich schon aufgegeben und suchte nach dem Buch vom Trost mit ängstlichem Bemühen, ohne es zu finden. Ich suchte auch nach dem Buche vom Lobe der Philosophie, einmal, weil sein Titel schon reizte, dann auch, weil ich aus den Schriften des Augustin, die ich gerade angefangen hatte zu lesen, erfuhr, daß jenes Buch ihm für die Änderung seiner Lebensweise und für das Streben nach dem Wahren viel genützt habe. So schien es mir wert zu sein, eifrigst überall danach zu suchen. Allerdings glaubte ich, es sei kein schweres Geschäft. Sofort nämlich war es da – nur nicht das Buch, sondern der gefälschte Titel dieses Buches. Das erzähle ich dir nunmehr gewitzigt, damit dir nicht einmal – was ich allerdings nicht für unmöglich halten möchte – derselbe Irrtum zustößt, der mich getäuscht hat. Ich las und las, und fand nichts über das, was der Titel versprach, wurde stutzig und schob den fremden Irrtum meiner langsamen Auffassungskraft zu. Als ich aber schließlich beim Lesen – da mich die Natur unersättlich im Lesen gemacht hat – auf die Bücher des Augustin von der Dreieinigkeit, jenes göttliche Werk, gestoßen war, fand ich dort das Buch angeführt, jedoch nicht das Buch, das ich besaß, sondern das, welches ich zu besitzen glaubte, und da stand etwas aus diesem ganz herrlichen Buche geschrieben. Ich war ganz erstarrt, ich glaubte einen Fund gemacht zu haben, und leidenschaftlich erregt durch diese Erfahrung, las ich eines Tages mein Buch mit höchster Aufmerksamkeit durch, fand aber von dem, was bei Augustin zu lesen war, ganz und gar nichts. Ich schämte mich, so lange geirrt zu haben, und es wurde mir gewiß, daß jenes Buch nicht das Buch vom Lob der Philosophie sei. Ich blieb jedoch im ungewissen darüber, was für ein Buch es sei. Nur daß es ciceronisch wäre, dafür war sein Stil ein Zeugnis: es war die Beredsamkeit dieses himmlischen Mannes, die niemand nachahmen kann. Später ab, als ich zum letzten Male nach Neapel kam, schenkte mir Barbato von Sulmona, mein lieber Freund, der dir vielleicht wenigstens dem Namen nach bekannt sein wird – ein kleines Buch von Cicero, denn er kannte ja meine Wünsche. An dessen Ende stand gerade der Anfang der Academica. Das las ich nun durch und verglich es mit den Büchern, die »Vom Lobe der Philosophie« betitelt sind, und fand sonnenklar, daß diese beiden – so viel sind es nämlich – entweder das dritte und vierte oder das zweite und dritte Buch der Academica sind, ein Werk eher scharfsinnig als nötig und nützlich. So wurde ich von einem alteingewurzelten Irrtum befreit.

Schon vorher hatte der Zufall mir einen ehrwürdigen Mann zugeführt, dessen Name, wie ich glaube, noch jetzt bei der Kurie bekannt ist: Raimondo Soranzo. Ein Jugendbrief von mir, den ich schon vor vierzig Jahren an ihn gerichtet habe, ist noch jetzt vorhanden. Dieser Mann besaß außerordentlich viele Bücher, verachtete allerdings als Rechtskundiger, der in seinem Fache viel bedeutete, alles andere, nur allein den Titus Livius nicht, an dem er in wunderbarer Weise seine Freude hatte. Aber der in der Geschichte unbewanderte Mann geriet trotz seiner großen Begabung bei der Lektüre ins Stocken. Da er mich nun, wie er zu sagen pflegte, bei diesem Studium als eine Hilfe für sich erprobt hatte, wurde er mir mit so großer Liebe zugetan, daß du ihn eher für meinen Vater gehalten hättest, als für einen Freund. Nicht nur durch

Leihen, auch durch Schenken von Büchern war er mir über das gewöhnliche Maß hinaus gefällig. Von ihm hatte ich einiges von Varro und einiges von Cicero. Einer der Bände des Cicero enthielt das Übliche, mitten unter dem Üblichen jedoch die Bücher vom Redner und von den Gesetzen, unvollständig, wie sie fast immer gefunden werden, außerdem enthielt er aber eben die beiden außergewöhnlichen Bücher vom Ruhm. Als ich diese erblickte, hielt ich mich für reicher als reich.

Es würde aber zu weit führen, wollte ich ausführlich dartun, welche Bücher des Cicero und wie und woher ich sie zusammengesucht habe. Bei einem will ich eine Ausnahme machen: Es war ein Band von höchster Eleganz, wie man schwerlich wieder einen finden wird. Er fand sich im väterlichen Nachlaß vor. Mein Vater hatte große Freude an diesem Buch gehabt und es ist nicht etwa deshalb mir heil verblieben, weil es die Testamentsvollstrecker mir hätten erhalten wollen, sondern weil sie es als wertlos verachteten, vollauf beschäftigt mit der Beute von Vermögensstücken, die sie für wertvoller hielten. Unter allen diesen Büchern aber war nichts Neues, nur eben diese beiden Bücher vom Ruhm und einige Reden und Briefe. Ich wollte aber nicht vergebens wider die Fortuna mich stemmen und suchte, wie ein dürstender Wanderer an einem dürftigen Bächlein, meinen Trost, so gut ich es konnte, an den gewöhnlichen Schriften.

Aber bin ich noch nicht wunderlich genug und gebe ich dir nicht Stoff zur Verwunderung? Da ich um eine Geschichte gebeten worden bin, erzähle ich dir nun noch eine zweite. Du forderst mich auf, dir zu sagen, wie ich meine Bücher verloren habe, ich aber erzähle dir, wie ich sie zusammengesucht habe, damit du erkennen sollst, wie groß die Mühe beim Suchen war, und daran sehen, wie groß der Schmerz beim Verlieren. Jetzt will ich aber ausführen, worum du bittest:

Ich hatte fast von meiner Kindheit ab einen Lehrer, der mir

zuerst die Buchstaben beibrachte. Bei diesem hörte ich dann Grammatik und Rhetorik, denn er war ein Professor und Lehrer beider Fächer. Ich habe keinen gekannt, der ihm gewachsen war, soweit ich von Theorie rede, was die Praxis betrifft, nicht gerade so sehr, nach der Art des Schleifsteins bei Horaz, der zwar *Eisen schärfen konnte, aber nichts schneiden.*

Dieser hat sechzig Jahre lang – wie das Gerücht ging – Schule gehalten, und wieviel Schüler in einem so großen Zeitraum dieser berühmte Mann gehabt hat, kann man leichter mutmaßen als sagen; darunter waren viele große Männer nach Wissen und Rang, nämlich Professoren der Jurisprudenz und Lehrer der Heiligen Wissenschaften, dazu Bischöfe und Äbte, schließlich auch ein Kardinal, der mich als Knaben um meines Vaters willen liebte, ein Mann, der nicht größer war durch seinen Rang und sein glückliches Geschick – denn er war Bischof von Ostia – als durch Klugheit und wissenschaftliche Bildung. Und dieser mein Lehrer liebte, was kaum glaublich scheint, unter so vielen bedeutenden Leuten gerade mich, den Geringsten von allen, am meisten; das war allen bekannt. Auch er selbst verheimlichte es nicht, weshalb auch seligen Angedenkens Johannes von Colonna, der Kardinal, den ich oben erwähnte, so oft er mit ihm einen Scherz treiben wollte – denn er hatte an dem Zuspruch des höchst einfachen Greises und vorzüglichen Grammatikers Freude –, ihn so auszufragen pflegte: »Sage, Magister, hat unter deinen großen Schülern, die du, wie ich weiß, liebst, unser Franciscus einen Platz?« Da kamen ihm stets sogleich die Tränen, und er schwieg oder trat auch öfters zur Seite, oder wenn er reden konnte, schwor er heilige Eide, keinen von allen habe er je geliebt. Dieses Männlein hatte mein Vater bei Lebzeiten freigebig unterstützt, denn Armut und Alter hatten ihn heimgesucht, lästige und widerwärtige Gefährten. Nach meines Vaters Tode setzte er seine ganze Hoffnung auf mich. Ich war dem freilich nicht gewachsen, fühlte mich ihm aber in Treue und Gehorsam verpflichtet, und ich half ihm, so gut ich konnte, mit allen Mitteln: wenn ihm das Geld ausging, was oft zu geschehen pflegte, dann erleichterte ich ihm seine Armut bald durch Verbürgen, bald durch Bitten bei Freunden, beim Pfandleiher aber durch Verpfänden. Tausendmal hat er zu diesen Zwecke Bücher und andere Dinge weggeholt und wiedergebracht, bis ihm die Armut seine Gewissenhaftigkeit austrieb. Als er nämlich einmal von außergewöhnlich schwerer Not bedrängt war, da schleppte er die beiden Cicerobände, den einen von meinem Vater, den anderen von meinem Freunde, und andere Bücher, die ich ihm übergab, davon, unter dem Vorwand, er brauche sie nötig zu einer Arbeit. Täglich nämlich fing er ein neues Buch an mit einem wunderbaren Titel, und wenn er die Vorrede fertig hatte, die im Buche das Erste, in der Anlage aber das Letzte zu sein pflegt, dann sprang seine unbeständige Phantasie schon zu einem anderen Werk über. – Aber was halte ich dich bis zum Abend mit Worten auf? – Als mir die Verzögerung anfing verdächtig zu werden, da die Bücher ja nicht seiner Armut, sondern seiner Arbeit zur Verfügung gestellt waren, begann ich eindringlicher zu forschen, was mit ihnen geschehen sei. Als ich aber erfuhr, sie seien verpfändet, bat ich, er möchte angeben, bei wem sie seien, damit die Möglichkeit wäre, sie auszulösen. Voller Scham und unter Tränen weigerte er sich dies zu tun, weil es für ihn zu schimpflich wäre, wenn ein anderer tun würde, was er eigentlich selbst tun müsse. Ich möchte nur ein ganz klein wenig noch warten, er werde schleunigst das Seinige tun. Ich bot ihm Geld dazu, so viel er wolle. Das wies er aber zurück, indem er mich beschwor, ich möchte ihm diesen Schimpf nicht aufbrennen. Ich traute zwar seinen Worten keineswegs, blieb aber stumm, da ich ihn liebte und nicht betrüben wollte. Bald darauf ging er, von seiner Armut getrieben, nach Toskana, woher er stammte, und da ich damals gerade, wie gewöhnlich, an der Quelle der Sorgue in meiner Einsiedelei jenseits der Alpen verborgen lebte, erfuhr ich nicht eher von seinem Weggange, als von seinem Heimgange, und dies dadurch, daß ich von seinen Mitbürgern, die ihn mit Lorbeer gekrönt, freilich mit spätem Lorbeer, zu Grabe getragen hatten, gebeten wurde, ich möchte zu seinem Angedenken eine Ehreninschrift verfassen. Und seither konnte ich durch keine noch so große Sorgfalt auch nur die geringste Spur meines verlorenen Cicero auffinden; denn nach den übrigen Büchern würde ich nichts gefragt haben. So verlor ich zugleich Bücher und Lehrer.

Da hast du die erbetene Geschichte, ein bißchen länglich ist sie, ich gestehe es. Aber mir ist es süß gewesen, an alte Freunde zurückzudenken und mit dem neuen Freunde mich lange zu unterhalten. Denn ihn, den mir noch Unbekannten, empfehlen seine eigenen Briefe und das Zeugnis dessen, dem ich alles glauben würde. Ich fühle nun aber, wie sehr es der Anstand gebieten würde, wegen der vielen Einschiebsel und Ausstreichungen diesen Brief noch einmal abzuschreiben. Deine Liebenswürdigkeit wird es jedoch meiner vielen Beschäftigung und meiner Ermüdung zugute halten und wird alles, was das Auge verletzt, als ebenso viele Zeichen freundschaftlicher Vertrautheit ansehen. Lebe wohl.

Zu Arquà, am 27. April [1374]

An Giovanni Boccaccio

Aus einem Brief, mit dem Petrarca Abschied von seinen Freunden und vom Briefschreiben nimmt.

... Nun höre ich aber, daß dieser Brief und auch der andere der beiden großen Briefe nie in deine Hände gelangt ist. Was soll ich aber dabei tun? Man muß es dulden, man kann sich darüber entrüsten, aber nicht dafür rächen. Es ist eben überall im cisalpinen Gallien dies höchst widerwärtige

Gezücht von Menschen aufgetaucht, die Wächter über alle Schritte, ja die Pest für Boten. Sie öffnen Briefe, nehmen Einsicht in sie und betrachten sie höchst peinlich. Vielleicht entschuldigt sie aber der Befehl ihrer Herren, die in allem ein schlechtes Gewissen haben und in ihrem geängstigten hochmütigen Lebenswandel glauben, daß alles über sie und gegen sie gesagt sei, und die alles wissen wollen.

Für das Folgende gibt es aber gar keine Entschuldigung. Wenn manche Leute etwas in Briefen finden, was ihren Eselsohren schmeichelt, so pflegten sie früher mit Abschreiben die Zeit zu vergeuden und die Boten hinzuhalten. Nun, da die Frechheit gewachsen, heißen sie die Boten ohne Briefe von dannen ziehen, um ihre Finger zu schonen, und, was das Schlimmste an diesem Übel ist: diejenigen tun es am meisten, die nichts verstehen. Sie sind denen ähnlich, die einen weiten und abgrundtiefen Schlund haben und langsame Verdauung, und die daher immer nahe am Unwohlsein sein müssen.

Niemand ist ärgerlicher hierüber als ich, niemand trägt es schwerer, so daß es mich häufig vom Schreiben zurückhält und häufig zu dem Schmerze gezwungen hat, mit dem ich dann geschrieben habe, da eben gegen diese Briefräuber keine Möglichkeit einer anderen Rache besteht. Denn alles ist in Unordnung und die Freiheit des Staates ist zugrunde gerichtet. Zu diesem Ekel kommt noch das Alter hinzu und die Ermattung in fast allen Dingen, dann auch die Sättigung, um nicht zu sagen der Überdruß am Schreiben. Das alles bringt mich dazu, dir und allen, denen ich zu schreiben pflege, soweit es diesen Briefstil betrifft, das letzte Lebewohl zu sagen, einmal, damit diese allzu vergänglichen Schriften mich nicht, wie sie es lange genug getan haben, bis zum Ende von besseren Studien abhalten, und dann auch, damit unsere Schriften nicht in die Hände dieser ganz dummen Taugenichtse fallen. So oft ich von nun an dir oder anderen schreiben muß, werde ich aber nur so vor ihrer Gewalttätigkeit sicher sein, wenn ich so schreibe, daß ich zwar verstanden

werde, aber keine Freude daran habe. Ich hatte, wie ich mich
erinnere, in irgendeinem Briefe dieser Reihe versprochen, ich
würde fürderhin in Briefen mich kürzer fassen, da die Knapp-
heit der absteigenden Lebenszeit mich dazu dränge. Dies
Versprechen habe ich nicht zu halten vermocht, denn viel
leichter ist, wie man wohl verstehen wird, das Schweigen als
ein zu kurzes Zwiegespräch mit den Freunden. So groß ist ja,
sobald man einmal angefangen hat, der heiße Drang, ein
Zwiegespräch zu halten, daß es leichter wäre, gar nicht erst
anzufangen, als den Schwung des begonnenen Gespräches zu
zügeln. Aber erfüllt der etwa nicht sein Versprechen, der
mehr leistet als er versprochen hat? Als ich mein Versprechen
gab, hatte ich, so glaube ich, das weithin bekannte Wort des
Cato bei Cicero vergessen, daß seiner Natur nach das Greisenalter gar geschwätzig ist.

Nun lebet wohl ihr Freunde, lebt wohl auch ihr Briefe!
Zwischen den euganeischen Hügeln.　　Am 4. Juni [1374]

Aus dem Büchlein von seiner und vieler Leute Unwissenheit

*Die folgenden Stellen versuchen nicht so sehr, den Charakter dieser
weitschweifigen Altersschrift zu belegen, als Petrarcas sehr aufschlußreiche,
typisch humanistische Kritik am Aristoteles und der Scholastik zu zeigen.*

Da wissen sie nun viele Dinge über Tiere, Vögel und
Fische: wieviel Haare der Löwe im Scheitel trägt und wieviel
Federn der Falke im Schwanze, und mit wieviel Windungen
die Meerschlange den Schiffbrüchigen umschlingt. Sie wissen, wie die Elefanten sich begatten, und daß sie zwei Jahre
lang im Mutterschoße bleiben, daß sie gelehrige und lebhafte
Tiere sind, dem Menschen an Geist sehr nahe stehen und

zwei- bis dreihundert Jahre leben können; daß der Phönix in wohlriechendem Feuer verbrannt wird und aus seiner Asche sich wieder erhebt; daß der Seeigel bei jedem Angriff das nahe Wasser zu erreichen sucht, weil er, von diesem getrennt, nichts vermöge; daß der Jäger mit einem Spiegel den Tiger in die Falle lockt, daß der Greif von dem einäugigen Skythen mit dem Messer angegriffen wird und der Haifisch den Seemann auf dem Rücken liegend belauert. Sie wissen, daß das Junge der Bärin ganz unförmig zur Welt kommt, daß das Maultier nur selten, die Viper gar nur einmal und dann oft unglücklich Junge zur Welt bringt; das der Maulwurf blind und die Biene taub ist und daß das Krokodil allein von allen Tieren die obere Kinnlade zu bewegen vermag – was alles gewiß zu einem großen Teile falsch ist, und wenn es auch schließlich wahr wäre, so würde es doch nichts zu einem seligen Leben vermögen. Denn ich bitte dich, was nützt es, die Natur der Tiere, Vögel, Fische und Schlangen zu kennen und dafür die Natur des Menschen, seinen Zweck, seine Herkunft und sein Endziel nicht zu kennen oder gar zu mißachten?

Dieses und Ähnliches habe ich diesen Schriftgelehrten, die nicht im mosaischen oder christlichen, sondern, wie sie wenigstens glauben, im aristotelischen Gesetze sehr belesen sind, entgegengehalten, freimütiger, als sie es zu hören gewohnt waren, und vielleicht auch etwas zu unvorsichtig; denn da ich mit Freunden sprach, glaubte ich, keine Gefahr fürchten zu müssen...

Diesem Grundsatz, den ich immer befolge gegenüber lieben, vertrauten Menschen, vor allem gegenüber solchen, die meine Fähigkeiten kennen, blieb ich auch neulich treu unsern Freunden gegenüber, und voll Vertrauen auf die Freundschaft fiel ich ahnungslos der Feinde schlimmen Ränken zum Opfer. Denn nicht ängstlich darauf bedacht, schöne Worte zu machen, sagte ich eben gerade heraus, was mir in den Sinn kam. Sie aber legten von ihrer Voreingenommenheit aus alle meine Worte auf die strengste Waagschale und faßten, was immer ich sagte, so auf, als könnte ich weder etwas Besseres noch das Gesagte in besseren Worten sagen...

Sie brachten gewöhnlich irgendein aristotelisches Problem oder irgend etwas über die Tiere zur Sprache, ich aber pflegte zu schweigen oder zu scherzen oder irgend etwas anderes zu berühren, fragte auch mitunter lächelnd, wie denn das Aristoteles habe wissen können, da er doch gar keine Gründe dafür gehabt habe und es unmöglich habe erproben können. Da wurden sie stutzig und zürnten mir im geheimen und betrachteten es als eine Lästerung, daß mir zum Glauben etwas anderes als die Autorität dieses Mannes nötig sei...

Ich halte den Aristoteles für einen großen und vielgebildeten Mann, aber eben doch für einen Menschen, und ich glaube, daß er als Mensch vielleicht auch vieles nicht wissen konnte... Und auch das verhehle ich nicht, was ich oft unter Freunden gesagt habe und nun zu schreiben gezwungen bin, wohl wissend, daß meinem Rufe hierdurch große Gefahr droht und daß ein neuer Beweis der mir vorgeworfenen Unwissenheit daraus entnommen werden kann – aber ich schreibe es trotzdem und fürchte das Urteil der Menschen nicht. Es mögen mich hören, soviel es Aristoteliker gibt. Ich weiß, wie gern sie dies mein Büchlein bespeien werden, wenn es in ihre Hände kommt; denn sie sind ein zu Schelten und Schimpfen gar sehr geneigtes Geschlecht. Das Büchlein sehe selbst zu, wie es sich decke; mir genügt es, wenn sie nicht mich selbst bespeien. Es mögen mich hören, sage ich, alle Aristoteliker, und da Griechenland für meine Sprache taub ist, so mögen es die hören, die ganz Italien und Frankreich und das lärmende, streitsüchtige Nest zu Paris beherbergen: ich habe, wenn ich mich nicht sehr täusche, alle ethischen Bücher des Aristoteles gelesen, und bevor diese meine so große Unwissenheit enthüllt wurde, glaubte ich auch, etwas davon zu verstehen. Ich bin durch diese Bücher gelehrter, aber nicht besser geworden, wie es sich gehört hätte. Ich habe es oft bei mir selbst und anderen gegenüber beklagt, daß jener Kernpunkt der Philosophie, den er selbst im ersten Buch seiner Ethik erwähnt, bei Aristoteles so wenig betont wird: daß wir nämlich nicht so sehr viel wissen als vielmehr besser werden sollen. Ich sehe wohl, daß er das Wesen der Tugend ganz vortrefflich erklärt und sehr scharf und eingehend die Eigenschaften der Tugend und des Lasters behandelt. Aber wenn ich das gelernt habe, so weiß ich ein ganz klein wenig mehr, als ich vorher wußte, ich selbst aber, meine Seele und mein Wille sind ganz dieselben geblieben wie zuvor. Es ist ein großer Unterschied, ob ich etwas weiß, oder ob ich es liebe; ob ich es verstehe, oder ob ich nach ihm strebe. Aristoteles lehrt uns, ich leugne es nicht, was Tugend ist; aber jene überzeugenden und begeisternden Worte, die uns zur Liebe der Tugend und zum Haß des Laters bewegen, durch die der Geist entzündet und angefeuert wird, kennt er nicht oder doch nur sehr selten. Wie häufig können wir sie dagegen bei den Unsrigen finden, wenn wir nur suchen, besonders bei Cicero und Seneca...

Darum ist es vielleicht nicht so tadelnswert, wie meine Richter glauben wollen, wenn ich in diesen Fragen mehr unsern Philosophen Vertrauen schenke, obwohl sie keine Griechen sind. Und wenn ich auch einmal, diesen oder meinem eigenen Urteil folgend, etwas gesagt habe, was dem Inhalt oder der Form nach Aristoteles anders gesagt haben mag, so werde ich darum bei gerechteren Richtern noch nicht als ehrlos verschrien werden. Auch ist es ja eine bekannte Eigenart des Aristoteles, daß er willkürlich hervorhebt, was ihm wichtig erscheint, und das übrige in verächtlicher Nachlässigkeit übergeht. Wenn ich nun also sage, er habe etwas mißachtet oder vernachlässigt oder vielleicht auch gar nicht daran gedacht – was doch immerhin möglich ist und der menschlichen Natur nicht durchaus widerspricht, obwohl es freilich nach der Ansicht meiner Freunde bei Aristoteles undenkbar wäre –, so kann es ja sein, daß ich mich täusche;

sie aber greifen mich darob unrühmlich genug nicht mit greifbaren Anschuldigungen, sondern mit Verleumdungen und Verdächtigungen an...

Du bist also doch, wird man einwenden, gegen Aristoteles aufgetreten? Gegen Aristoteles nicht, wohl aber für die Wahrheit, die ich liebe, wenn schon ich unwissend bin, und gegen die törichten Aristoteliker, die tagtäglich fast in jedem Worte bis zu ihrem und ihrer Hörer Überdruß den Aristoteles zitieren, von dem sie nichts kennen als den Namen, und dessen Gedanken sie willkürlich ins gerade Gegenteil verdrehen... Von Aristoteles weiß ich, daß er sehr bedeutend war; ich füge aber hinzu: er war auch ein Mensch. Ich weiß, daß man aus seinen Büchern viel lernen kann; ich glaube aber, daß man auch außerhalb seiner Schriften noch etwas zu lernen vermag. Und es steht mir auch unzweifelhaft fest, daß es schon, ehe Aristoteles schrieb, ehe er lehrte, ja, ehe er geboren ward, Leute gab, die etwas wußten, so den Homer, Hesiod, Pythagoras, Anaxagoras, Demokrit, Diogenes, Solon, Sokrates und den Fürsten der Philosophie, den Plato. Und wenn sie mich fragen, wer dem Plato diesen Vorrang unter allen Philosophen zuweise, so antworte ich: nicht ich, sondern die Wahrheit, die er zwar nicht völlig erkannt, die er aber geschaut hat, und der er näher gekommen ist als alle andern Philosophen. Und deshalb räumen ihm auch alle großen Schriftsteller diese Ehrenstelle ein, Cicero vor allem und Virgil, der ihn zwar nicht nennt, aber seinen Spuren folgt; außerdem Plinius und Plotinus, Apuleius, Macrobius, Porphyrius, Censorinus, Josephus und von unsern Theologen Ambrosius, Augustinus, Hieronymus und viele andere, was ich leicht beweisen könnte, wenn es nicht schon allgemein bekannt wäre. Und wer bestreitet ihm diesen Vorrang? Einzig und allein der verrückte, heulende Pöbel von Scholastikern.

Daß Averroës den Aristoteles allen andern vorzieht, rührt daher, daß er Erklärungen zu dessen Büchern geschrieben und diese so gewissermaßen zu seinem Eigentum gemacht hat. Und ist dieses sein Werk auch durchaus lobenswert, so ist doch sein eigenes Lob verdächtig. Denn ein altes Sprichwort sagt: »Jeder Kaufmann lobt seine Ware.« Es gibt eben Leute, die es nicht wagen, eigene Bücher zu schreiben, und die deshalb in ihrer Schreibwut wenigstens Kommentare zu fremden Büchern verfassen, ähnlich denen, die von der Baukunst nichts verstehen, dafür aber wenigstens die Hausmauern übertünchen. Und aus dieser Arbeit erhoffen sie sich einigen Ruhm, den sie aber natürlich nur erreichen können durch die, deren Bücher sie kommentieren, und deshalb loben sie dieselben voll Eifer, ohne Maß und mit vieler Übertreibung... Doch genug davon. – Ich weiß, in welche Gefahr ich meinen guten Namen damit bringe... Die Furcht, ihren Ruhm zu verlieren, hält ja sonst wohl die Redner im Zaume. Mir aber hat der Richterspruch meiner Freunde den Ruhm schon genommen. Was soll ich also noch fürchten? Ich kann ja nicht verlieren, was ich schon verloren habe.

Aus den Gesprächen über die Weltverachtung

Petrarca: Ach, diese Altweibergeschwätzigkeit der Dialektiker, die nie ein Ende findet, die nur von solchen Definitionen lebt, und deren Stolz das Wiederkäuen ihrer alten, ewigen Streitereien ist! Meistens verstehen sie selber nichts von dem, was sie reden. Frägst du einen aus dieser Herde nach der Definition des Menschen oder irgendeiner andern Sache, so ist die Antwort bereit. Frägst du weiter nach andern Dingen, so wird er schweigen; oder aber es hat ihm der unaufhörliche Redeschwall seiner Darlegungen Mut gemacht, dann wird er auch hier antworten, aber Art und

Weise seiner Antwort werden zeigen, daß ihm das wahre Verständnis des definierten Dinges fehlt. Dieser Sippe von Menschen, die so vornehmtuerisch das Wichtige übersieht und sich voll Eifer mit dem Überflüssigen abgibt, sollte man entgegenrufen: Ihr Ärmsten! Was arbeitet ihr immer so nutzlos in den Tag hinein und quält den Geist mit öden Haarspaltereien? Der Dinge Wesen kennt ihr nicht, und unter lauter leeren Wörtern altert ihr, und mit weißem Haar und runzeliger Stirne treibt ihr noch kindische Spielereien. O würde wenigstens eure Torheit nur euch allein schaden und hätte sie nicht so oft schon so manches edle junge Geistesleben verdorben!

Augustinus: Ich gebe zu, daß gegen diese ungeheuerliche Art des Studiums nicht scharf genug gesprochen werden kann...

Das Testament Petrarcas

Vor dem Antritt einer Reise nach Rom, wo er Papst Urban V. zu seiner Rückkehr in die heilige Stadt der Päpste beglückwünschen wollte, hat Petrarca dieses Schriftstück aufgesetzt, vielleicht schon in dem Vorgefühl schwerer Krankheit, die ihn wenige Tage später in Ferrara dem Tode nahe brachte und den letzten Besuch von Rom vereitelte.

Oft habe ich bei mir über etwas nachgedacht, worüber niemand zuviel nachdenkt und wenige genug nachdenken: nämlich über die letzten Dinge und über den Tod. Diese Betrachtung kann nicht überflüssig sein und nicht verfrüht, da der Tod ja allen gewiß und nur die Stunde des Todes ungewiß ist. Ich halte es für nützlich und ehrenhaft, da eben der Tod durch mannigfache und zweifelhafte Zufälle immer über uns schwebt und wegen der Kürze des Lebens nicht fern sein kann, jetzt, ehe er mich daran hindert, solange ich durch

Gottes Gnade an Körper und Geist gesund bin, über mich selbst und über meinen Besitz durch Testament zu verfügen. Allerdings ist, die Wahrheit zu gestehen, meine Habe so gering und wenig, daß ich mich gewissermaßen schäme, darüber zu testieren. Aber bei Reich und Arm sind die Sorgen für die Dinge bei aller Ungleichheit gleich. Ich will also diesen meinen letzten Willen in Ordnung bringen und schriftlich aufsetzen, auch gewissermaßen aus Gründen des Anstands und besonders deshalb, damit nicht über mein Hab und Gut infolge meiner Unachtsamkeit nach meinem Tode Streit entsteht.

Zuerst befehle ich meine Seele, die sündig ist, aber die Göttliche Gnade anfleht und auf sie hofft, demütig Jesu Christo. So beuge ich denn die Kniee der Seele und bete mit Inbrunst zu Ihm, Er möge sie, die von Ihm erschaffen und um den Preis Seines allerheiligsten Blutes erlöst ist, beschützen und nicht gestatten, daß sie in die Hände Seiner Feinde falle. Dazu erflehe ehrerbietig und gläubig ich auch die Hilfe der allerseligsten Jungfrau Maria, seiner Mutter, und des seligen Erzengels Michael ehrerbietig und gläubig, und auch die der übrigen Heiligen, die ich als Mittler bei Christus in Hoffnung anzurufen gewohnt bin.

Dieser irdische und sterbliche Körper aber, der eine schwere Bürde für edle Seelen ist, soll nach meinem Willen der Erde zurückerstattet werden, woher er seinen Ursprung hat, und dies ohne jeden Prunk, vielmehr mit der größten Einfachheit und Bescheidenheit, soweit es nur irgend angeht. Darum bitte ich meinen Erben und alle meine Freunde inständigst, und ich bitte und beschwöre sie bei der eingeborenen Gnade unseres Gottes und bei der Liebe, wenn sie je welche zu mir gefühlt haben, daß sie dies nicht um des Scheines falscher Ehre willen mißachten. Denn so schickt es sich ganz und gar für mich, und ich will es so. Wenn sie aber, was nicht geschehen möge, dawider handeln sollten, so sollen sie gehalten sein, am Tage des Gerichts Gott und mir wegen schwerer Beleidigung gegen uns beide Antwort zu stehen.

Soviel über mein Leichenbegängnis. Hinzufügen will ich, daß niemand mich beweinen, niemand mir Tränen spenden soll. Man soll vielmehr um meinetwillen mit Gebet vor Christus treten; und wer kann, soll den Armen Christi Almosen darreichen mit der Mahnung, für mich zu beten. Das möchte mir nützen können. Weinen ist dagegen den Heimgegangenen nutzlos, den Weinenden schädlich.

Um den Ort meines Begräbnisses kümmere ich mich nicht sehr. Ich bin zufrieden, bestattet zu werden, wo es Gott und denen gefallen mag, die diese Sorge auf sich zu nehmen die Gunst mir erweisen werden. Wenn man aber meinen Willen genauer erkunden will, so würde ich wünschen, falls ich in Padua, wo ich jetzt bin, sterben sollte, in der Kirche des heiligen Augustin, die jetzt die Predigerbrüder innehaben, begraben zu werden. Denn dieser Ort ist meiner Seele wohlgefällig, und es liegt dort der, der mich am meisten geliebt hat und der mich mit frommen Bitten in dies Land gezogen hat, ruhmreichen Angedenkens Jacob von Carrara, weilend Herr von Padua. Sollte ich aber in Arquà, wo jetzt meine Landwohnung ist, meine Tage beschließen und sollte Gott mir, was ich sehr wünsche, noch zugestehen, daß ich dort eine bescheidene Kapelle zu Ehren der allerseligsten Jungfrau Maria errichte, so möchte ich dort begraben werden, sonst weiter unten an irgendeinem ehrbaren Platze bei der Pfarrkirche des Ortes. Falls ich aber zu Venedig sterbe, will ich bestattet sein an der Stätte des heiligen Franciscus in Vinea, dort vor dem Eingang der Kirche, falls in Mailand, vor der Kirche des seligen Ambrosius neben dem vordersten Eingang, der auf die Stadtmauern blickt, falls in Pavia, in der Kirche des heiligen Augustin, wo es den Brüdern gut scheinen wird, falls in Rom, in der Kirche von Sancta Maria Major oder in der des heiligen Peter, wo es am passendsten sein wird, schließlich auch neben einer dieser Kirchen, wie es den

Kanonikern gefallen mag. Ich habe die Orte genannt, an denen ich mich in Italien aufzuhalten pflege. Sterbe ich aber in Parma: in der Kathedralkirche, an der ich viele Jahre lang ein nutzloser und fast immer abwesender Erzdiakon gewesen bin. Wenn aber sonst irgendwo anders auf der Welt, dann an einer Stätte der minderen Brüder, wenn es dort eine gibt, sonst in irgendeiner anderen Kirche, die dem Orte, wo ich sterbe, zunächst liegt. Soviel über das Begräbnis – mehr, ich gestehe es, als sich für einen gelehrten Mann geziemt, wenn es auch von einem ungelehrten Manne gesprochen ist.

Jetzt gehe ich über zur Verfügung über die Dinge, die Güter der Menschen genannt werden, während sie oft eher Hemmnisse für die Seele sind. Und zuerst habe ich der Kirche zu Padua, von der ich Annehmlichkeiten und Ehren genossen habe, schon früher in meinem Herzen bestimmt, daß ein kleiner Fleck Erde gekauft werde, den ich ihr eben in diesem Testamente hinterlassen wollte, bis zum Preise von 200 Pfund der hiesigen kleinen Münze, oder mehr, wenn ich es könnte. Aber für diese Summe habe ich bereits die Gewähr von dem großmächtigen Herrn von Padua, meinem Herrn Francesco von Carrara, und ich zweifele nicht, daß er sie mir geben wird, so oft und so bald sie zu meinen Lebzeiten oder nach meinem Tode erbeten wird. Denn er ist einer, bei dem nicht allein die Handlungen, sondern auch die Worte viel Festigkeit und Wahrhaftigkeit haben. Ein solches Stück Land habe ich aber bisher, da andere Ausgaben dazwischenkamen, noch nicht zu kaufen vermocht. Wenn ich es also noch kaufen werde, wie ich hoffe, so werde ich in das Kaufinstrument eintragen lassen, daß ich es in der Absicht kaufe, es der Kirche zu hinterlassen, und schon jetzt tue ich es, wenn ich auch die Lage dieses Grundstücks noch nicht diesem Schriftstück einfügen kann. Sollte ich aber unterlassen, besagtes Grundstück zu kaufen, da ja manchmal fromme Wünsche um der Sünden der Menschen willen nicht zur Ausführung gebracht werden können, oder wenn ich es aus Unvermögen oder Nachlässigkeit vergessen sollte, so hinterlasse ich eben dieser Kirche zu Padua 200 Golddukaten zum Ankauf eines kleinen Grundstückes, wo es am besten geschehen mag, damit aus den Einkünften ein ewiger Jahrtag für mich sei. Und ich bitte demütig genannten Herrn, falls er dann am Leben sein wird – wie ich hoffe und von Gott erbitte, daß er noch viele Jahre länger froh und glücklich leben möge –, oder falls er, was Gott verhüten möge, dann selbst nicht mehr am Leben sein sollte, so bitte ich jeden anderen, der dann die Verfügungsgewalt über diese Sache haben wird, er möge schon aus Ehrfurcht vor der Jungfrau Maria und aus Achtung vor mir, wenn ich auch ein unwürdiger und unbedeutender Mensch bin, gestatten, daß dies geschieht, und möge gnädig sein Dekret dazu erteilen.

Ich hinterlasse der Kirche, bei der ich bestattet werde, 20 Dukaten, den anderen Kirchen der vier Bettelorden aber, wenn solche dort vorhanden sein werden, je 5 Dukaten.

Den Armen Christi hinterlasse ich 100 Dukaten zur Verteilung nach Gutdünken des Johannes von Bocheta, des Kustos der Paduaner Kirche, dies aber, falls ich hier sterbe; falls anderswo, nach Gutdünken des Prälaten der Kirche, in der ich beigesetzt werden sollte, jedoch so, daß von der besagten Summe niemand mehr als je 1 Dukaten erhalte.

Ich gehe über zur Verfügung über die anderen Dinge. Meinem vorgenannten großmächtigen Herrn von Padua laß ich, da er durch Gottes Gnade keinen Mangel leidet und ich nichts seiner Würdiges besitze, meine Tafel, bzw. mein Altarbild der seligen Jungfrau Maria, ein Werk des auserlesenen Malers Giotto, das mir von meinem Freunde Michael Vanni von Florenz geschickt worden ist, ein Bild, von dessen Schönheit Unkundige nichts verstehen, das aber Meister der Kunst mit Staunen betrachten. Diese Bildtafel hinterlasse ich diesem meinem großmächtigen Herrn, damit die gebenedeite Jungfrau ihm selbst gnädig sei vor ihrem Sohne Jesus Christus.

Meinen Freunden in geringerem Stande, die mir aber sehr lieb und wert sind, würde ich gern Großes hinterlassen, wenn mein Vermögen üppiger wäre. Sie werden aber meine Liebe spüren.

Dem Magister Donatus von Pratovecchio, dem Lehrer der Grammatik, der jetzt zu Venedig wohnt, hinterlasse und legiere ich, was er mir etwa aus einem Darlehen schulden sollte, dessen Betrag ich nicht kenne, der jedoch jedenfalls nur ganz gering ist. Ich will aber nicht, daß mein Erbe aus diesem Grunde an irgend etwas gebunden sein soll.

Von meinen Pferden, falls ich zur Zeit meines Todes welche haben werde, sollen meine Paduaner Mitbürger Bonzanello von Vigoncia und Lombardo della Seta unter einander losen, wer das erste und wer das zweite auswählen soll.

Außerdem bekenne ich, daß ich besagtem Lombardo, der die Sorge um seine eigenen Dinge aufgegeben hat, um meine Dinge zu besorgen, 134 Golddukaten und 16 Solidi schulde, die er in meinem Interesse ausgegeben hat und viel mehr noch. Nach unserer letzten Verrechnung blieb ich jedoch Schuldner besagter Summe, und wenn er sie vorher zurückerhalten wird, wie ich hoffe, wird es gut sein. Sonst will ich, daß mein Erbe gehalten sein soll, vor allem anderen ihn zu befriedigen. Er hat für diese Schuld mein eigenhändiges Anerkenntnis, das er, Lombardo selbst, meinem Erbe wieder erstatten möge. Demselben Lombardo legiere ich meinen kleinen runden vergoldeten Silberbecher, aus dem er Wasser trinken soll, das er so gern trinkt, viel lieber als Wein.

Dem Priester Johannes von Bocheta, dem Kustos unserer Kirche, hinterlasse ich mein großes Brevier, das ich in Venedig zum Preis von 100 Pfund gekauft habe, doch mit der Bedingung, daß es nach seinem Tod in der Sakristei der Kirche zu Padua verbleibe, zum ewigen Gebrauch der Priester, damit eben dieser Priester Johannes und andere, wenn es ihnen gefällig ist, für mich zu Christus und der seligen Jungfrau Maria beten mögen.

Dem Herrn Johannes von Certaldo oder Boccaccio legiere ich, recht bescheidentlich als einem so großen Manne, etwas sehr Geringes, nämlich 50 Florentiner Goldgulden zu einem Winterkleid für das Studium und das Arbeiten bei Nacht.

Dem Magister Thomas Bambagio von Ferrara hinterlasse ich meine gute Laute, daß er auf ihr spiele, nicht zum eitlen Vergnügen dieser vergänglichen Welt, sondern zum Lobe des ewigen Gottes.

Meine vorbenannten Freunde mögen wegen der Geringfügigkeit dieser Legate nicht mich anklagen, sondern die Fortuna, wenn es überhaupt eine Fortuna gibt. Mit Rücksicht hierauf sparte ich den bis zuletzt auf, der der Erste hätte sein sollen, nämlich den Magister Johann de Dondis, den Arzt und Physiker und unbestritten den Ersten unter den heutigen Astronomen, der auch »von der Uhr« genannt wird, nach dem Planetarium, jenem Wunderwerk, das er gefertigt hat und das die unwissende Menge für eine Uhr hält. Diesem bestimme ich fünfzig Golddukaten zum Ankauf eines kleinen Ringes, den er zu meinem Gedächtnis tragen soll.

Für meine Dienerschaft bestimme ich folgendes:

Dem Bartholomäus von Siena, der da heißt Pancaldo, 20 Dukaten, die er nicht verspielen soll. Dem Zilio von Florenz, meinem Kammerdiener, 20 Dukaten über den Gehalt, wenn er ihm geschuldet wird, und, falls ich mehr oder weniger andere Kammerdiener haben sollte, jedem über seinen Gehalt 20 Dukaten oder Florentiner. Jedem Bediensteten 2, dem Koch 2.

Wenn aber diese, seien es Freunde oder Kammerdiener oder Bediente, heimgehen sollten, ehe ich sterbe, so will ich, daß das, was ich ihnen hinterlassen habe, meinem Erben anfallen soll.

Von aller meiner beweglichen und unbeweglichen Habe, die ich besitze oder besitzen werde, wo sie auch sei oder sein werde, setze ich nunmehr zu Erben ein Francescolo von Brossano, Sohn des weiland Herrn Amicolo von Brossano,

Bürger von Mailand vom Quartier von Porta Vercellina, und ich bitte ihn, nicht nur als Erben, sondern als herzlich geliebten Sohn, daß das Geld, wieviel es auch sei, sei es gar viel oder wenig (viel wird es allerdings keinesfalls sein), das er in meinem Vermögen vorfinden wird, in zwei Teile geteilt werde. Und davon soll er einen Teil für sich haben, den anderen aber zuweisen, wem es, wie er weiß, nach meinem Willen zukommen soll, und es soll damit geschehen, was, wie er ebenfalls weiß, nach meinem Willen zu geschehen hat.

Zweierlei muß hinzugefügt werden, ehe ich dies Schriftstück beschließe. Einmal: Das kleine Stück Land, das ich jenseits der Alpen in der Grafschaft Venaissin, in dem Gutsoder Schloßbezirk Vaucluse in der Diözese Cavaillon besitze, soll, da doch zweifellos das Hingehen wie auch ein Versenden mehr Kosten verursachen würde, als die Sache wert ist, nach meinem Willen dem Hospital des Ortes zufallen, zur Verwendung für die Armen Christi. Sollte dies aber nicht geschehen können, weil irgendein Recht oder Statut dawidersteht, so sollen es nach meinem Willen erhalten die Gebrüder Johannes und Peter, die Söhne des weiland Raimund von Clermont, der gemeinhin Monet genannt wurde, und der mir sehr dienstwillig und treu war. Sollten besagte Brüder gestorben sein, oder einer von ihnen, so soll es nach meinem Willen an die Söhne oder Enkel gelangen zum Gedächtnis des besagten Monet.

Zum anderen: Das wenige von unbeweglichem Gut, was ich in Padua und was ich auf paduanischem Gebiet besitze oder künftighin besitzen werde, soll nach meinem Willen an meinen Erben fallen, wie das übrige, doch mit der Bedingung, daß er weder selbst noch durch andere irgend etwas davon durch Verkauf, Schenkung, dauernde Belehnung oder sonst auf irgendeine andere Weise veräußern darf, ja selbst verpfänden, vor Ablauf von zwanzig Jahren vom Tage meines Heimganges an gerechnet. Alles dies aber ordne ich an zu Nutz und Frommen des Erben selber, der aus Unkenntnis der

Geschäfte Fehler begehen könnte. Hat er sie aber vollständig kennen gelernt, dann wird er es nicht freiwillig veräußern.

Wenn aber vielleicht, dieweil wir ja alle sterblich sind, und überhaupt keine Regel für den Tod besteht, besagter Francescolo von Brossano – was Gott verhüten möge – vor mir sterben sollte, dann soll mein Erbe sein der oben genannte Lombardo della Seta, der meine Seele ganz kennt, den ich im Leben als den Getreuesten erprobt habe, und von dem ich daher hoffe, daß er nach meinem Tode nicht minder treu sein wird.

Dies habe ich mit eigener Hand niedergeschrieben, auf daß es gelten soll nach Recht eines Testaments oder irgendeines anderen letzten Willens oder wie es auf irgendeine Weise besser gültig sein wird, zu Padua, im Hause der Kirche, das ich bewohne, im Jahr des Herrn 1370, am 4. April.

Und Nicolo, den Sohn des weiland Ser Bartolommeo, sowie Nicoletto, den Sohn des Ser Pietro, die unterzeichneten Notare, habe ich hinzugebeten, ganz wie es in ihren untenstehenden Unterschriften enthalten ist.

Eins füge ich hinzu, nämlich daß gleich nach meinem Hintritt mein Erbe unverzüglich schreiben soll an meinen leiblichen Bruder Petraccus, den Kartäusermönch im Kloster Montrieu bei Marseille, und er soll ihm die Wahl lassen, ob er 100 Goldgulden oder jährlich 5 oder 10 nach seinem Gefallen haben will; was er wählt, das soll geschehen.

Ich, Francesco Petrarca, habe dies geschrieben, der ich ein anderes Testament gemacht haben würde, wäre ich reich, wie die törichte Menge glaubt.

[4. April 1370]

*

Er ward uns entrissen / doch er bleibt uns und wird uns bleiben / Und nicht uns allein, sondern noch den kommenden Geschlechtern / bis ins tausendste Jahrhundert / Denn auf die Zeiten jener Nachgeborenen / werden ihn die ewig unvergänglichen Denkmäler bringen, / die, täusche ich mich nicht, / bei edlen Geistern stets Gunst genießen werden / und von Tag zu Tag heller erstrahlenden Ruhm!

Giovanni Dondi, wenige Stunden nach Petrarcas Tod, aus Padua an einen Freund.

Anmerkungen

BARBATO, ★ Sulmona nach 1300, † das. 1363: Kanzler und wissenschaftlicher Berater Roberts von Neapel; seit 1345 in seiner Heimat.

BROSSANO, Francescolo da (1340–1382): Gatte der Tochter P's, Hausgenosse P's in Padua und Arquà; die Stelle im Testament, das die Tochter nicht nennt, ist wohl juristisch bedingt.

CARRARA, Francesco da (★ um 1325, ermordet 1350 durch einen Vetter): Herr von Padua, Gönner P's.

CARRARA, Francesco da (★ um 1325, † 1393): Sohn und Nachfolger Jacopos, P's Landesherr und Gönner seit 1367.

COLONNA: altes römisches Adelsgeschlecht; ihm gehören an: Giacomo C. (1298–1341); Giovanni C. (★ um 1297, † 1348), seit 1327 Kardinal, von großem Einfluß.

DIONIGI, Francesco (★ Borgo San Sepolcro um 1280/90, † 1342): Augustinermönch, Professor der Theologie an der Sorbonne in Paris; führt P. zu Augustin und schenkt ihm das Exemplar der »Bekenntnisse«, das P. auf dem Mont Ventoux aufschlägt (s. S. 95).

DONDI, Giovanni (1318–1389): Astronom und weithin berühmter Arzt, schon 1352, wiederum seit 1370 in Padua.

DONINO da Piacenza (★ 1330/40): Grammatiker, nur durch zwei an ihn gerichtete Briefe P's bekannt.

KARL IV. (Wenzel Karl von Luxemburg, ★ 1316, † 1378): 1346 Deutscher König, 1355 in Rom zum Kaiser gekrönt; hat P., der von ihm erwartete, daß er in Rom seine Residenz nehme, immer wieder enttäuscht.

LAELIUS: Angelo oder Lello di Stefano (★ um 1300 in Rom, † 1363 an der Pest): Parteigänger der Colonna, selbst aus römischer Adelsfamilie. Zeitweise Giovanni Colonnas Sekretär.

NELLI, Francesco (★ 1304 in Florenz, † 1363 an der Pest): Prior von SS. Apostoli in Florenz, später Sekretär des Großseneschalls Niccolo Acciaiuoli in Neapel; P's Freund seit 1350.

PENNA, Luca de (★ um 1310, † 1390): Rechtsgelehrter, bis etwa 1367 Richter und Sachwalter in Neapel, danach päpstlicher Sekretär in Avignon. Persönlich mit P. nie zusammengetroffen; von einer Cicero-Ausgabe ist nichts bekannt.

PETRACCO, Ser, da Parenzo (★ kurz nach 1265, † um 1326): Notar der Ratsbeschlüsse in Florenz, 1302 verbannt, seit 1311 als Sachwalter in Florenz.

PETRARCA, Francesca (★ 1343 in Vaucluse, † 1382 in Treviso): P's nicht legitimierte Tochter von einer Unbekannten; vermählt um 1361 mit Francesco da Brossano (s. diesen!).

PETRARCA, Gherardo (★ 1307): P's Bruder, wird nach dem Tode seiner geliebten Frau 1338 Kartäuser; † nach seinem Bruder in Montrieu.

PETRARCA, Giovanni (★ vor dem 10. Juli 1337 in Avignon oder Vaucluse, † 1361 in Mailand an der Pest): Sohn P's von einer Unbekannten, 1348 legitimiert; mit dem Vater immer in großen Spannungen.

RIENZO, Cola di (★ 1313 in Rom, 1354 vom Pöbel das. ermordet): seit 1343 mit P. bekannt, wiegelt 1347 das Volk von Rom gegen die Barone auf; von P. bewunderter politischer Phantast (s. S. 14 u. 109).

ROBERT der Weise von Anjou (★ 1278, † 1343): seit 1309 König »von Sizilien«, Haupt der Guelfen in Italien, mächtigster Gegner der deutschen Kaiser.

SCETTEN, Guido (★ um 1304, † 1367): Schulkamerad, Studiengenosse P's, Rechtsgelehrter von Ruf, seit 1358 Erzbischof von Genua.

SENNUCCIO del Bene (★ 1349): Florentiner Dichter, 1302 mit Dante verbannt; zum Kreis der Colonna in Avignon gehörend, darf 1326 nach Florenz zurückkehren.

SOCRATES: Ludovicus Sanctus de Beeringen (★ um 1304 in Kempenland, heute Campine in Belgien, † 1361 an der Pest); als Magister in musica und Capellanus ständiger Hausgenosse des Kardinals Colonna; P's vertrautester Freund.

SORANZO, Raimondo (wahrscheinlich Venezianer, † nach 1330 in Avignon): Anwalt bei der Kurie, Freund des jungen P.

VISCONTI: Mailänder Geschlecht. Aus ihm: Giovanni V. (* 1290, †
1354), seit 1342 Erzbischof von Mailand, seit 1350 im Besitz der
größten Macht des oberitalienischen Festlandes. Seine Neffen:
Galeazzo (1320–1378) und Barnabo (um 1325–1385).

Literaturhinweise

Von der auf 20 Bände berechneten Nationalausgabe (Florenz 1926)
sind bisher erst 6 Bände erschienen; eine andere Gesamtausgabe gibt
es nicht. Für Ausgaben der einzelnen Werke sei, wie für die Unter-
richtung über Petrarca-Literatur überhaupt, auf H. W. Eppelsheimer, Handbuch der Weltliteratur, 2. Aufl. Bd. 1 (Frankfurt a. M.)
1947, S. 199 f. verwiesen. – Auswahlausgabe: Rime [Canzoniere],
Trionfi e poesie latine. Mailand 1951. – Le rime [Canzoniere].
Florenz: Sansoni 1940. 548 S.

Übersetzungen: Von den lateinischen Schriften (auch den Briefen)
gibt es neuere außer den von uns herangezogenen von Hefele und
Nachod-Stern nicht. Der Canzoniere ist oft übersetzt; wir nennen
außer Bettina Jacobsen, die uns vor allen anderen den Vorzug zu
verdienen scheint, Benno Geiger (Petrarca, Der Canzoniere, Amal-
thea-Verlag Wien 1937, 499 S.) und die Nachdichtung von Leo Graf
Lanckoronski, Sonette an Madonna Laura, italienisch und deutsch,
Reclams Universalbibliothek Nr. 886, Stuttgart, 93 S.

Literatur über Petrarca gibt es in allen Sprachen. In unserer ist die
ziemlich umständliche und hier und da veraltete, aber sehr ausführli-
che Biographie: Gustav Koerting, Petrarcas Leben und Werke, Leipzig 1878, 722 S., noch nicht ersetzt. Eine geistesgeschichtliche
Betrachtung versucht H. W. Eppelsheimer, Petrarca. Bonn 1926, 219
S. – Ein sehr anziehendes, lebendiges Bild Petrarcas und seines
Lebens entwarf nach den Briefen: Franz Xaver Kraus, Essays Bd. 1
(Berlin 1896), S. 399/546. – Neue italienische Darstellungen von L.
Tonelli, Petrarca. Mailand 1930; von Enrico Carrara, Petrarca. Rom
1937. 114 S. (Sonderdruck seiner ausgezeichneten Zusammenfassung
der Forschung in der Enciclopedia Italiana).

Nachweis der Übersetzungen

Die Texte unserer Auswahl stammen von den folgend genannten Übersetzern: ·

F. Petrarcas Brief an die Nachwelt (S. 27–38) und die Stücke aus dem »Büchlein von seiner und vieler Leute Unwissenheit« (S. 198–203) und aus den »Gesprächen über die Weltverachtung« (S. 203–204) aus: Petrarca, Briefe und Gespräche, übersetzt und eingeleitet von Hermann Hefele. (Das Zeitalter der Renaissance. I. Serie, II. Bd.) Jena: Eugen Diederichs 1910.

Die Gedichte »Du fragst mich, was ich treibe?« (S. 41) und »Italia, mein Vaterland!« (S. 63) aus: Franz Petrarcas Poetische Briefe [Epistolae metricae]. In Versen übersetzt und mit Anmerkungen hrsg. von F. Friedersdorff. Halle a. d. S.: Verlag Max Niemeyer 1903.

Die Gedichte aus dem Canzoniere (S. 42–62) aus: Francesco Petrarca, Sonette und Kanzonen. Auswahl, Übersetzung und Einleitung von Bettina Jacobsen. 2. Aufl. Im Insel-Verlag zu Leipzig 1913.

Die Briefe (S. 67–198) und das Testament P's (S. 204–216) aus: Briefe des Francesco Petrarca. Eine Auswahl übersetzt von Hans Nachod und Paul Stern. Verlag Die Runde. Berlin 1931.

Insel taschenbücher

Alphabetisches Verzeichnis